ChatGPT 활용 핵심 가이드 북

ChatGPT

활용 핵심 가이드북

글 · GPT 개발포럼

희망과 위기의 갈림길에서……

ChatGPT를 쓰면서, 이것은 새로운 혁명의 시작이라는 느낌을 강하게 받았다.

인류 역사를 돌아보면, 신석기혁명, 산업혁명, IT 혁명이 있었다. 그리고 이제 AI 혁명이 시작되었다. 혁명은 인류의 삶을 통째로 바꾸었다. 혁명 전과 후의 역사는 확실히 달랐다. 그런데 문제는 이 혁명의 도래 주기가 점점 빨라진다는 사실이다. 그리고 그 전환점에 지금 우리 인류가 서 있는 것이다. AI 혁명으로 많은 것이 사라지고, 생겨날 것이다. 사라지는 무리에 속하지 않으려면 우리는 발버둥 쳐야 한다.

ChatGPT가 AI 혁명에 불을 질렀고, AI 대중화의 포문을 열었다. AI가 우리의 머릿속 생각을 대신 해주는 세상이 열린 것이다. 특히 ChatGPT 같은 대화형 인공지능 기술은 우리의 일상에서 점차 더 중요한 역할을 하기 시작했다. AI 기술이 발전할수록 혁명의 속도는 더 빨라질 것이다. 이것은 생존의 문제이다. 이런 시류에 편승하지 못하면, 도태되는 것은 시간문제이다. 이런 의미에서 ChatGPT는 우리에게 희망과 위기라는 두 가지를 카드를 제시했다. 과연 당신은 무엇을 선택할 것인가?

대화형 인공지능 ChatGPT는 만능 재주꾼이다. 간단한 문답에서 고난의도 문제까지 단숨에 해결한다. 또한 업무 분석, 콘텐츠 제작, 상업적 글쓰기 등 다양하게 활용할 수 있다. 하지만 아직 제대로 활용하지 못하는 사람이 많다. 이유는 간단하다. 질문을 정확하게 하지 않으면, 똑똑한 인공지능도 똑 부러지는 대답을 하지 못하기 때문이다.

이 책에서는 ChatGPT를 활용하여, 업무능력과 학습 능력을 끌어올리는 방법에 집중하였다. 만약, 당신이 카페, 블로그를 이용한 비즈니스 사업자, 교재 개발, 학습 콘텐츠 개발자, 제안서 작성이 많은 기획자라면 반드시 ChatGPT를 써야 한다. 부족한 시간과 콘텐츠, 아이디어까지 ChatGPT가 도와줄 수 있기 때문이다. 콘텐츠를 개발하고 전문적인 비즈니스 조언을 제공받는 방법은 당신의 생활과 업무에서 유용하게 사용할 수 있을 것이다.

사업제안서 분석? 1분, 구인 광고 작성? 3분, 학습 문제 작성? 5분, 강연 프레젠테이션 제작? 10분, 삽화 그리기? 10분.

'설마?'
혹시 이런 생각을 하지 않았는가? 그래서 이 책은 초보자가 ChatGPT를 이용하여 다양한 업무를 할 수 있는 방법과 활용법을 배울 수 있도록 쉽게 설명해 두었다. 처음에는 정독으로 끝까지 책을 먼저 읽기 바란다. 그리고 나서 차근차근 실습해 보기 바란다.

이제부터 ChatGPT를 여러분의 조력자로 다양하게 활용하기 바란다!

차례

01

AI 혁명의 시작, ChatGPT

02

똑똑한 AI,
ChatGPT를 써보자!

03

ChatGPT를
더 똑똑하게, 더 강력하게

04

ChatGPT의 무한 확장
ChatGPT의 변신은 무죄!

· 일러두기

본문에 나오는 질문에 대한 답변은 ChatGPT를 활용하여 얻은 텍스트를 그대로 옮긴 것입니다.

01

**AI 혁명의 시작,
ChatGPT**

AI 혁명 중심에 우뚝 선 ChatGPT

현대는 무한 경쟁 시대이다. 사람뿐 아니라 기술도 경쟁한다. 산업혁명, 정보화 혁명에 이어 이제는 AI 혁명이 일어나고 있다. 그 중심에는 분명 ChatGPT가 있다. 믿을 수 없다면, 2030년에 과거 기록을 꼭 살펴보기를 바란다. 2023년을 어떻게 평가하고 적었는지 말이다.

ChatGPT는 오픈AI에서 개발한 최첨단 대화형 AI 모델이다. 그런데 시작부터 전 세계 반응이 예사롭지 않다. 미국 조사기관 UBS는 대화형 인공지능인 ChatGPT의 월간 활성 사용자(MAU)가 1억 명을 넘기는데 2달 정도밖에 걸리지 않았다고 발표했다. 틱톡(Tiktok) 9개월, 인스타그램 9개월, 페이스북 10개월에 비하면 엄청나게 빠른 속도이다. 그만큼 전 세계가 ChatGPT를 주목한다는 뜻이 아니겠는가?

기술의 급격한 발전으로 인해 인공지능은 단순한 판단 기능을 넘어 이제 인간의 영역까지 넘보고 있다. 머지않은 미래에는 AI가 사람의 영역까지 넘어

오지 않을까? 그렇다고 지레 겁부터 먹을 필요는 없다. AI는 사람이 만들었고, 방법만 제대로 알면 AI를 이용해 더 많은 일을 더 빨리, 더 정확하게 할 수 있기 때문이다.

ChatGPT 역시 우리가 활용할 수 있는 AI 모델이다. 만능 재주꾼인 ChatGPT를 잘 이용하면, 짧은 시간에 많은 일을 해낼 수 있다. 글쓰기는 기본이고, 컴퓨터 프로그래밍, 그림 그리기, 영상 만들기, 학습 콘텐츠 제작, 비즈니스 컨설팅 등 다양한 일을 훌륭히 해낼 수 있다.

● ● ● ChatGPT의 활용 영역

❶ ChatGPT는 고객과의 소통을 통해 서비스를 개선하는데 뛰어나다.

⊘ 소규모 사업자

ChatGPT는 고객의 질문을 이해하고, 그에 알맞은 관련 정보를 제공하며, 제품 추천까지 할 수 있다. 이런 능력을 활용하면 고객 만족도와 브랜드 충성도를 높일 수 있다. 고객뿐 아니라 사내 직원과의 소통에도 ChatGPT를 활용할 수 있다.

만약, 당신이 온라인 쇼핑몰을 운영하고 있다면, ChatGPT를 이용하여 제품 소개 영상을 만들어 보길 바란다. 준비물은 많이 필요 없다. 제품 카탈로그만 있으면, ChatGPT가 영상을 만들 때 많은 도움을 줄 것이다.

❷ 반복적인 작업을 자동화해 시간을 절약할 수 있다.

✓ 고객 응대가 많은 서비스업

데이터 입력, 일정 조정, 검색 등의 작업을 자동화함으로써 개인과 조직은 더 중요한 작업에 집중할 시간을 확보할 수 있다. 이를 통해 개인은 더 생산적이고 빠르게 목표 달성을 할 수 있다.

❸ 콘텐츠를 빠르고 효율적으로 작성할 수 있다.

✓ 블로그, SNS 사용자

블로그 게시물, 뉴스 기사, 소셜 미디어 게시물 작성 등의 작업을 빠르게 할 수 있다. 이를 통해 개인과 조직은 구독자가 관심을 가지는 신선하고 관련성 높은 콘텐츠를 만들 수 있고 경쟁자보다 앞서나갈 수 있다. ChatGPT를 사용하면, 블로그 게시글을 쉽게 작성할 수 있다. 하루 한 개는 일도 아니다. 하루 10개 정도는 충분히 만들 수 있다. 아주 품질 좋은 글로 말이다.

❹ 데이터 분석 및 의사 결정에 활용할 수 있다.

✓ 시장 분석가

ChatGPT를 사용하여 대규모 데이터를 분석함으로써, 정보에 기반하여 결정을 내릴 수 있고, 개인과 조직은 고객 행동, 시장 동향 및 비즈니스 성과에 대한 통찰력을 얻을 수 있다. 기업에 ChatGPT는 전략적 자산이 될 수 있다는 것을 꼭 기억해주기를 바란다.

❺ 혁신적인 솔루션 및 제품을 개발할 수 있다.

✓ 콘텐츠 제작자

ChatGPT를 사용하여 아이디어를 얻고, 복잡한 문제에 대한 새로운 창의적인 해결책을 찾을 수 있다. 이를 통해 독특하고 혁신적이며 수요가 있는 제품 및 서비스를 개발할 수 있다. 특히, 콘텐츠 개발자라면 ChatGPT를 훌륭한 동업자로 고용해도 절대 실망하지 않을 것이다. ChatGPT는 한 시간에 수십 가지의 아이디어를 내줄 수 있고, 다양한 파생 콘텐츠까지 만들어 주기 때문이다.

결론적으로 ChatGPT는 소통 개선, 작업 자동화, 콘텐츠 작성, 데이터 분석 및 혁신적인 솔루션 개발 등에 뛰어난 능력을 보여준다. 이것을 통해 경쟁사와의 차별을 이뤄내고 앞서나갈 수 있는 전략적 도구로 활용할 수 있다. ChatGPT가 계속 발전하고 개선됨에 따라 이러한 효용성은 더욱 커질 것이다.

AI가 사람의 생각까지도 대신해주는 세상이 되었다. 일각에서는 많은 문제점을 우려하고 있지만, 이 기술의 본질적인 목적을 잘 이해하고 올바르게 사용한다면 개인 및 사회발전에 유용하게 사용될 수 있을 것이다. 지금은 이 기술을 다른 사람보다 빨리 받아들이고 다양한 응용 분야를 찾아 경쟁력을 유지하는 것이 더 중요하다.

ChatGPT, 넌 누구냐?

ChatGPT는 인공지능 기술의 발전으로 탄생한 대화형 인공지능 모델 중 하나이다. 이 모델은 기계학습과 사람과 의사소통에 사용하는 언어 처리 기술을 사용하는 인공지능으로 대화가 가능하다. 이런 기술은 챗봇, 문서 요약, 콘텐츠 생성, 언어 번역, 영상 제작 등 다양한 분야에 활용할 수 있다. 그렇다면 성능도 뛰어날까?

궁금할 때는 직접 부딪혀보는 게 가장 좋은 방법이다. ChatGPT는 사람처럼 대화할 수 있기 때문이다. ChatGPT에 첫 대화로 자기소개를 부탁했다. 예상대로 인터넷 검색 수준의 결과가 나왔다. ChatGPT는 진짜 똑똑한 인공지능 플랫폼이 맞을까?

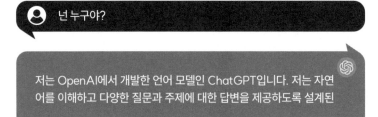

넌 누구야?

저는 OpenAI에서 개발한 언어 모델인 ChatGPT입니다. 저는 자연어를 이해하고 다양한 질문과 주제에 대한 답변을 제공하도록 설계된

AI 기반 챗봇입니다 저는 방대한 양의 텍스트 데이터에 대한 교육을 받았으며 다양한 쿼리에 대해 사람과 같은 응답을 생성할 수 있습니다. 제 목적은 사용자에게 정보를 제공하고 유용한 제안을 대화식으로 제공하는 것입니다.

●●● ChatGPT의 역사

ChatGPT의 역사는 GPT 모델 시리즈의 개발과 함께 이어진다.

GPT란, 개발사인 오픈AI에서 만든 언어 모델이다. '**Generative Pre-trained Transformer**'를 줄여 '**GPT**'라고 부른다. GPT 모델은 대규모 양의 데이터를 사용하여 자연어 처리 작업을 수행할 수 있다. 이런 작업을 통해 문장 생성, 문서 요약, 기계 번역 등 다양한 자연어 처리 작업에 활용할 수 있다. 또한, GPT 모델은 단어 간의 관계를 이해하고, 문맥을 파악하여 자연스러운 문장을 만들어 낸다. 다시 말해 사람처럼 대화할 수 있다는 뜻이다.

GPT는 Pre-trained 모델을 사용하는 인공지능 기반의 서비스이다. GPT 시리즈는 2018년에 GPT-1이 최초로 나왔다. 순차적으로 GPT-2, GPT-3 모델이 출시되었다.

GPT-3은 더 크고 다양한 데이터로 훈련되어 이전 모델보다 우수한 성능을 가졌다. GPT 모델 시리즈는 대화형 인공지능 발전에 큰 영향을 미쳤다. 이전에는 학습 및 자연어 처리 능력이 떨어져 현실적 사용에서 한계에 부딪히는 경우가 많았다. 그러나 GPT-3에서 단점 대부분을 극복해냈다. GPT-3는 사람처럼 대화를 기억하고, 자연스럽게 대화를 유지한다.

개발사인 OpenAI는 ChatGPT를 사용하여 대화형 챗봇 서비스(이후부터 '봇', '챗봇', '인공지능 서비스'를 구분하기 위해 GTP 모델에 '봇', '챗봇'이라는 단어를 쓰지 않겠다)를 제공한다. 이러한 대화형 인공지능 모델의 발전은 우리 일상생활에서 다양한 분야에 영향을 미칠 것으로 보인다.

하지만 ChatGPT를 포함한 대화형 인공지능 모델은 여전히 한계가 있다. 인간의 언어 이해 능력에는 아직 미치지 못하며, 특정한 주제나 분야에서는 불안정한 결과를 보인다. 또한, 인공지능 기술의 발전은 인간과 기계 간의 관계를 재정의하는 과정에서도 충돌을 일으킬 수 있는 문제가 남아있다. 따라서, ChatGPT를 포함한 대화형 인공지능 모델을 사용할 때는 그 한계와 제약을 고려해야 한다. 또한, 기계적인 학습에 사용되는 데이터의 품질과 학습 모델의 최적화 등을 고려하여 더욱 성능이 우수한 모델의 개발이 필요하다.

인공지능의 세부 기술

인지컴퓨팅	컴퓨터가 인간처럼 의사결정할 수 있는 과정을 시뮬레이션하는 기술
기계학습	프로그램된 논리나 규칙을 바탕으로 학습하는 수학적 알고리즘
딥 러닝	인간 신경망을 모델화하여 새로운 데이터를 예측하는 기술
자연어 처리	인간의 언어를 알아듣고 인간처럼 말하고 쓸 수 있는 기술
이미지 인식	사람들이 보는 특정 피사체를 확인하는 기술
음성 인식	인간의 음성을 컴퓨터가 다룰 수 있는 문자 정보로 변화하는 기술

ChatGPT 미리 맛보기

ChatGPT가 활용되는 다양한 분야에 대해 전체적으로 간단하게 살펴보고, 각 분야에서의 활용 방법과 장단점에 대해 알아보자.

❶ 문서 요약

ChatGPT는 대량의 문서를 빠르게 분석하여 핵심적인 내용만 간결하게 요약할 수 있다. 이러한 요약문은 빠른 정보 파악에 도움이 되며, 비즈니스 분야에서는 효율적인 의사 결정에 활용할 수 있다.

예를 들어 매일 다수의 기사가 발행되는 뉴스 기사의 경우, ChatGPT를 활용하여 특정 주제의 기사만 빠르게 볼 수 있다. 이를 통해 시간과 노력을 절약하면서 중요한 내용을 모두 파악할 수 있다. 또한, ChatGPT를 활용한 문서 요약 기술은 교육 분야에서 유용하게 활용할 수 있다. 강의, 연구 보고서 등의 핵심 내용을 빠르게 파악하여 간결하고 명확한 요약을 제공하여 학습 효과를 높일 수 있다.

온실가스가 대기에 미치는 영향

대기에 온실가스가 없다면 지구의 밤 평균 기온은 영하 19도가 될 것으로 추정한다. 적외선에너지 모두가 우주 공간으로 빠져나가기 때문이다. 온실가스 덕분에 지구는 평균 기온을 15도 정도 유지하며 인간이 생존할 수 있는 환경이 되었다.
프랑스 수학자 조제프 푸리에가 처음으로 온실효과 이론을 설명하였다.

:

에너지를 흡수하는 이핵분자는 대기 중에서 빙글빙글 돌기도 하고 흔들린다. 이때 주변에 있는 질소와 산소를 함께 움직여 전체 공기 운동에너지가 커진다. 동시에 에너지가 방출하면서 기온이 상승한다. 이산화탄소는 공기 중 0.04% 정도 차지하지만, 1%가 되면 지구 평균 기온이 100도에 도달할 수 있을 정도로 에너지 활동이 왕성하다. 이 글을 읽고 요약해줘.

온실가스는 지구 대기의 약 0.04% 정도 존재하지만, 지구의 평균 기온을 상승시키는 역할을 합니다. 이는 온실가스가 적외선 복사로 에너지를 흡수하고, 주변 공기 분자와 함께 움직여 전체 공기 운동에너지를 증가시켜 기온을 상승시키기 때문입니다. 이산화탄소는 공기 중 0.04% 정도 차지하지만, 1%가 되면 지구 평균 기온이 100도에 도달할 수 있을 정도로 에너지 활동이 왕성합니다.

 핵심 키워드를 뽑아줘

핵심 키워드: 온실가스, 지구 대기, 기온 상승, 적외선 복사, 전체 공기 운동, 이산화탄소

비즈니스 계획서나 비즈니스 보고서의 핵심 내용도 빠르게 파악해 의사 결정 과정에서 시간과 비용을 절약할 수 있다. 요즘은 속도가 경쟁력이 된 세상이 아닌가! 문서 요약은 빠른 정보 파악과 효율적인 의사 결정을 위해 필수적인 기술이다. ChatGPT는 이러한 요구에 필요한 기술로 다양한 분야에서 활용할 수 있다. 또한, 우리의 경쟁력을 높일 수 있는 전략적 자산으로 충분한 가치가 있다.

ChatGPT를 사용해서 문서 정리를 해보았다. 문서 하나를 요약하고, 핵심 키워드까지 빠르게 뽑아준다. 이런 것을 학습과 업무에 활용한다면, 시간 절약과 더불어 효율까지 올릴 수 있다.

❷ 자연스러운 대화

ChatGPT는 인공지능 기술을 사용하여 자연어로 구성된 질문에 대해 대답을 할 수 있
다. 챗봇은 미리 입력된 내용만 기계적으로 답변하지만, AI는 사람과 비슷하게 상황을
판단하여 적절한 해답을 내어놓는다. ChatGPT의 대화는 자연스럽고 논리적이며, 사
용자의 질문에 대한 정확한 답변을 제공한다.

챗봇

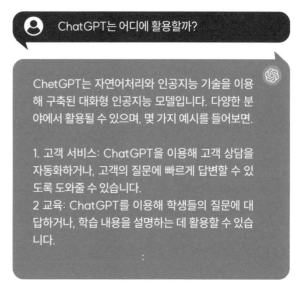

👤 ChatGPT는 어디에 활용할까?

ChetGPT는 자연어처리와 인공지능 기술을 이용
해 구축된 대화형 인공지능 모델입니다. 다양한 분
야에서 활용될 수 있으며, 몇 가지 예시를 들어보면.

1. 고객 서비스: ChatGPT을 이용해 고객 상담을
자동화하거나, 고객의 질문에 빠르게 답변할 수 있
도록 도와줄 수 있습니다.
2 교육: ChatGPT를 이용해 학생들의 질문에 대
답하거나, 학습 내용을 설명하는 데 활용할 수 있습
니다.
:

❸ 콘텐츠 제작

ChatGPT는 자연어 처리 기술을 활용하여 기존의 콘텐츠를 분석하고, 이를 바탕으로 새로운 콘텐츠를 제작할 수 있다.

특히, ChatGPT가 만든 콘텐츠는 읽기도 편하고, 전체 문장 구성도 논리적이다. 뉴스 기사, 블로그 포스트, 유튜브 원고, 제품 설명서 등을 만들어 보면, ChatGPT의 능력에 깜짝 놀랄 수 있다. 콘텐츠 생성 기술은 마케팅 분야에서 매우 유용하게 활용할 수 있다. 제품 설명, 광고 문구 등을 빠르게 작성할 수 있으며, 이를 통해 시간과 비용을 절약할 수 있다. 또한, 다양한 소셜 미디어 플랫폼에서 사용할 수 있는 콘텐츠까지 빠르게 만들 수 있다.

콘텐츠 생성 기술은 교육 분야에서도 유용하게 쓸 수 있다. 예를 들어, ChatGPT를 사용하여 새로운 학습 문제를 만들거나, 학습자의 레벨에 맞는 문제를 자동으로 생성할 수 있다. 문제를 검증할 때도 ChatGPT를 사용하면 해설까지 자동으로 만들어 준다. 이러한 방식으로 효과적으로 학습할 수 있으며, 학습자의 학습 수준에 따라 맞춤형 콘텐츠를 빠르고 다양하게 만들 수 있다.

> 위 내용을 바탕으로 블로그 원고를 써줘

> [지구의 온실가스와 기후변화]
> 지구의 기후 시스템을 이해하기 위해서는 온실가스의 역할에 대해 알아보는 것이 중요합니다. 대기에 온실가스가 없다면, 지구의 평균 기온은 영하 19도가 될 것으로 추정됩니다. 온실가스가 지구 대기에 존
> :
> 지구 온난화는 우리 모두가 함께 해결해야 할 과제입니다. 저희도 삶의 각 영역에서 환경 보호를 위해 노력해야 하며, 정부와 기업 등 다양한 분야에서도 지속적인 노력이 필요합니다. 우리 모두가 함께 지구 환경을 지키는 데 기여해야 합니다.

ChatGPT의 콘텐츠 생성 … 대화창 전체 내용으로 원고 작성

중년 부인을 대상으로하는 옷 가게를 운영중인데 여직원 1명을 모집하려해. 법정근로시간이 맞도록 구인광고를 작성해 줘.

안녕하세요. 중년 부인을 대상으로 하는 옷 가게를 운영 중인데 여직원 1명을 모집하려 합니다. 법정 근로 시간에 맞춰 구인 광고를 작성해드리겠습니다.
[구인 광고 제목] 중년여성 의류 전문점 여직원 모집
[구인 광고 내용] 안녕하세요. 저희 중년여성 의류 전문점에서 함께
:
저희 매장은 중년 여성들을 대상으로 다양한 스타일의 의류를 판매하고 있습니다. 고객과 함께 트렌디한 패션을 즐기는 일에 관심이 있는 분들의 많은 지원 바랍니다.
[지원방법] 이력서와 자기소개서를 이메일로 보내주세요. (이메일 주소: imgdeemal.com)많은 지원 바랍니다. 감사합니다.

ChatGPT의 콘텐츠 생성 … 구인공고문

위 구직광고를 유튜브에 올릴수 있도록 대본을 만들어줘

안녕하세요. 구직광고를 유튜브 영상으로 제작하는 대본을 작성해드리겠습니다.

[영상 제목] 중년여성 의류 전문점 여직원 모집합니다
[영상 대본] 안녕하세요. 여러분 오늘은 저희 중년여성 의류 전문점
:
그리고 이번에 저희 매장에서는 여직원을 모집합니다. 경력과 상관없이 꼼꼼하고 성실한 분이라면 지원 가능합니다. 물론 패션에 대한 관심이 있으신 분이면 더욱 환영합니다.

ChatGPT의 콘텐츠 생성 … 영상 제작 대본

물론, 콘텐츠 생성 기술에도 한계가 없는 것은 아니다. 아직 인공지능은 인간의 능력을 완전하게 대체할 수 없으므로 콘텐츠를 만들 때 확인이 필요하다. 생성된 콘텐츠가 올바르고 적절한지를 미리 검토하여 스스로 판단을 통해 최종 결정을 내리는 것이 필요하다.

또한, 문장이 부자연스럽거나, 오류가 있을 수 있는 기술적 문제도 아직 남아있다. 이런 점은 인공지능 기술의 연구와 발전으로 계속 향상될 것으로 예상한다.

ChatGPT로 몇 가지 콘텐츠를 제작해보았다. 블로그 원고도 써보고, 광고문, 영상 제작 대본까지 만들어 보았다. 아주 짧은 시간에 이 모든 일을 해치웠다. '역시!'라는 말밖에 나오지 않는다.

❹ 언어 번역

ChatGPT의 뛰어난 장점 중 하나가 바로 언어 번역이다. ChatGPT가 번역한 문장은
자연스럽고 매우 정확하다. 기존의 번역 기술에서 나타나는 문법적 오류, 어색한 문장
등의 문제점이 거의 사라졌다.

ChatGPT는 인공지능 기술 중 하나인 '자연어 처리 기술'을 활용하여, 번역할 문장을
이해하고 다른 언어로 번역한다. 이러한 기술은 해외 비즈니스에서 유용하게 사용할 수
있다. 다른 언어로 된 계약서나 이메일 등을 빠르고 정확하게 번역해주기 때문이다.

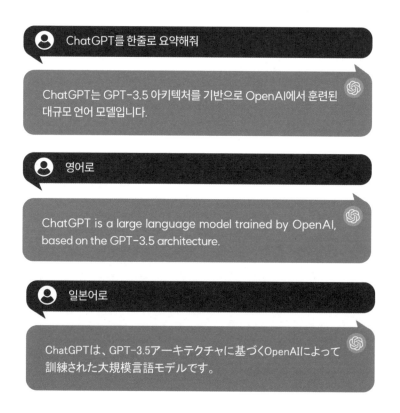

ChatGPT가 번역한 문장은 비교적 자연스럽고 정확하다. 마치 사람이 쓴 문장 같다(영문의 경우). 이런 기술은 앞서 말했듯 ChatGPT가 자연어 처리 기술을 활용하여, 문맥을 파악하고 번역하기 때문이다. 그러나, 언어 번역 기술에도 한계는 있다. 번역 대상 언어에 따라 ChatGPT의 번역 성능에 차이가 발생하기 때문이다.

❺ 이미지 해석

ChatGPT는 사진을 보고 키워드, 간단한 설명 등의 해석이 가능하다. 사람처럼 눈으로 직접 보고 느낄 수 있다는 의미이다. 이 기능을 활용하면 사진의 정보를 더 효율적으로 전달할 수 있어 다양한 분야에 활용할 수 있다.

언론사에서는 사진을 사용할 때, 빠르게 상세 정보를 만들 수 있고, 온라인 판매를 하는 상점에서는 제품을 설명할 때 사진을 사용하여 효율적인 홍보 문구 빠르게 만들 수 있다. 이 기술을 활용하면 적용할 수 있는 분야가 확장된다.

그림을 그리거나, 캐릭터를 만드는 창작까지 영역을 확장할 수 있다. 이 기술의 원리는 이미지와 텍스트를 함께 처리하여, 이미지와 관련된 문맥을 파악하고, 이것을 기반으로 AI가 해석하여 자연스러운 문장을 생성한다. 특히, 어려운 그림일 때, 이 기술은 효과를 발휘한다. 사람이 포기하는 경우라도 AI는 어떻게든 해석해서 결과를 보여주기 때문이다. 하지만, 이 기술에도 분명 한계는 존재한다. 복잡한 그림이나 여러 가지 요소가 섞여 있는 경우, 정확도가 떨어진다.

AI를 활용하여 그림을 그려주는 프로그램인 DALL·E2-OpenAI 나 Midjourney 를 사용하면, 고품질의 그림을 빨리 만들 수 있다.

이미지 주소를 복사한 내용을 해석한 ChatGPT

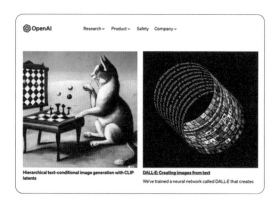

DALL·E2에서 ChatGPT가 직접 그린 그림

Midjourney에서 ChatGPT를 이용해 그린 그림

02

똑똑한 AI,
ChatGPT를 써보자!

• • • •

시작이 반, ChatGPT 바로 써보기

2023년, 대화형 인공지능 모델 ChatGPT가 혜성처럼 나타나 전 세계인의 주목을 받았다. 모든 뉴스에서 ChatGPT를 관심 있게 다뤘다. ChatGPT의 놀라운 능력에 감탄했기 때문이다.

> 미국 공공과학도서관(PLOS)에서 발행하는 학술 전문지 'PLOS 디지털 헬스'는 ChatGPT가 미국 의사 면허 시험(USMLE)에서 생화학, 진단 추론, 생명윤리 3개 과목에서 대부분 합격했다고 밝혔다. 정답률은 52.4~75.0% 사이로 60%를 넘거나 근접했다.
> ChatGPT는 미국 미네소타대 로스쿨의 4개 과목 시험도 통과했다. 95개의 객관식, 12개의 주관식 문제를 줬는데, ChatGPT는 C^+ 수준으로 낮은 등급이긴 하지만 합격 기준을 넘었다. 펜실베이니아대 와튼스쿨 MBA 과정에서는 B와 B- 사이의 학점을 받으면서 더 우수한 성적을 거뒀다.
>
> 2023년 02월15일 국민일보

뉴스를 보면서 느꼈겠지만, ChatGPT의 학습 능력은 매우 뛰어나다. 이뿐만 아니라 다른 영역에서도 두각을 나타냈다. 만약 ChatGPT가 사람이었다면 레오나르도 다빈치를 뛰어넘는 천재라는 칭호도 아깝지 않았을 것이다. 이런 천재가 여러분의 컴퓨터 속에 있다. 마음만 먹으면 누구나 쓸 수 있다.

여기서 여러분은 무엇을 느꼈는가?

바로, 마음만 먹으면 누구나 쓸 수 있다는 게 가장 큰 문제이다. 혼자만 알고 있을 때는 가장 강력한 무기가 되겠지만, 모두가 쓸 수 있다면 더 이상 무기가 될 수 없기 때문이다. 하지만 같은 칼이라도 어디에 쓰느냐에 따라 이름이 달라진다. 엄청난 무기를 가지고 과일이나 깎으면 '과도'가 되고, 적을 위해 휘두르면 '보검'이 되기 때문이다.

많은 사람이 ChatGPT를 단순한 업무에 활용한다. 글쓰기, 블로그 관리, 광고문 만들기, 맛집 찾기, 요리하기 등의 일을 시키면서 ChatGPT를 똑똑한 장난감 정도로 취급한다. 사실, 처음에는 이렇게 사용해도 상관없다. 하지만 ChatGPT를 이용해 업무 생산성을 올리고, 효율을 극대화한 뒤, 여유가 생기면 조금 더 창의적인 분야에 활용했으면 좋겠다. ChatGPT는 그럴만한 충분한 능력과 가치가 있기 때문이다.

천릿길도 한걸음부터라고 했다. 아니 지피지기(知彼知己)면 백전백승(百戰百勝)이라고 했던가? 어쨌든 ChatGPT를 시작하는 법부터 차근차근 배워보는 게 지금은 더 급한 일 같다.

일단, ChatGPT부터 접속해보자. ChatGPT에 대해 아무것도 모른다고 두려워할 필요는 없다. 초보자의 관점에서, AI에 대해 전혀 모르는 사람의 눈높이로

ChatGPT에 대한 모든 것을 하나씩 살펴보겠다. 순서대로 따라가며 안내하는 것들을 하나씩 익히면 여러분은 어느새 능숙한 ChatGPT 사용자가 되어 있을 것이다.

● ● ● ChatGPT 가입 방법

ChatGPT는 크롬 브라우저에서 최고 성능을 낼 수 있다. 익스플로어, 사파리, 웨일 등의 브라우저는 권장하지 않는다. 만약, 크롬 브라우저가 없다면 크롬 브라우저부터 먼저 설치하기 바란다.

① 크롬 브라우저를 열고, 구글(https://www.google.com)에 접속한다. 검색창에서 ChatGPT를 입력하고 검색한다.

② 크롬 브라우저에 검색 결과가 나타났을 것이다. 아래 그림에 'openai.com'으로 시작하는 곳이 바로 ChatGPT를 만날 수 있는 곳이다. 주소 클릭하면, ChatGPT로 이동한다.

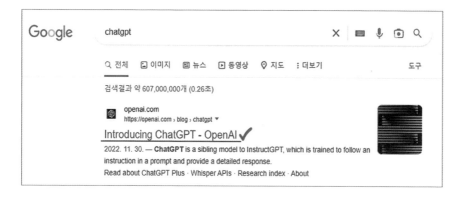

③ 이제 ChatGPT 홈페이지에 들어왔다. 오른쪽 마우스를 클릭해 *한국어로 번역을 선택한다. 화면 왼쪽 하단에 있는 네모 상자 Try ChatGPT(ChatGPT 시도)가 ChatGPT로 들어가는 첫 관문이다. 이 단추를 클릭하면 회원 가입 창이 열린다.

* 한국어로 번역은 권장하지 않는다. 이 기능은 필요할 때만 사용하는 것이 좋다. 내용을 알기 위해 잠시 번역 기능을 이용하고, 다시 영문으로 꼭 전환하는 것이 좋다.

④ OpenAI 계정이 있다면, 'Login' 단추를 누른다.

⑤ 가장 편한 방법은 하단에 있는 단추를 클릭해서 들어가는 방법이다. 하지만 이 방법
　　으로 들어가려면, 구글 계정이나 마이크로소프트 계정이 반드시 있어야 한다.

⑥ OpenAI 계정이 없다면 'Sign up' 단추를 클릭해 회원 가입부터 시작한다. 회원 가입을 하려면 이메일이 꼭 있어야 한다. 이메일을 통해 OpenAI 최초 회원 가입하려면 박스에 자신이 사용하는 이메일 주소를 입력하고, 단추를 누른다.

⑦ 인증 절차 : 이메일로 가입하면 인증 확인 메일이 온다(메일 인증, 휴대 전화 인증 두 가지를 다 해야 한다). 인증 메일을 열고 다음과 같은 순서로 진행한다.

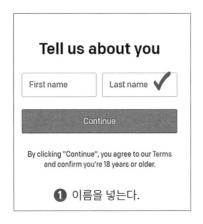

① 이름을 넣는다.

② 휴대 전화 번호를 넣는다.

③ 문자로 전송된 코드 번호를 넣는다.

여기까지 왔다면 ChatGPT 사용을 위한 준비는 이제 끝났다.

이제부터는 여러분의 의지와 노력에 따라 ChatGPT의 가치가 바뀔 것이다.

가끔 검색이나 해보는 시시한 장난감으로 쓸 것인지, 당신의 손과 발, 머리가

되어 새로운 세상으로 도약할 전략적 도구가 될 것인지는 모두 여러분에게

달려있다. 굳게 믿어라!

ChatGPT는 당신을 결코 실망시키지 않을 것이다.

ChatGPT, 메뉴 파헤치기

이제부터 제대로 ChatGPT를 사용해보자. ChatGPT에 처음 들어가면, 아래와 같은 화면을 볼 수 있을 것이다. 영어로 가득 찬 화면을 보고 울렁증을 느낄 수도 있지만 걱정할 필요가 없다. 크롬스토어에 있는 'Google 번역' 확장 프로그램을 사용하면 해결되기 때문이다. 혹시, 'Google 번역' 확장 프로그램이 없다면 당장 설치하기를 바란다(크롬스토어 사용법은 3장 참고).

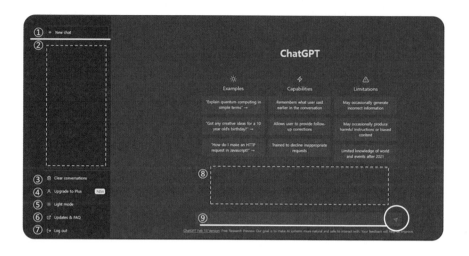

화면 왼쪽에 있는 'Try ChatGPT' 버튼을 클릭하면, ChatGPT 화면으로 넘어간다. 이곳이 ChatGPT의 첫 화면이다. 메뉴는 모두 왼쪽에 있다. 위 그림에 있는 번호 ①~⑨를 먼저 살펴보자. 이 번호는 ChatGPT에서 선택할 수 있는 항목이다.

②와 ⑧은 사각 점선으로 영역을 표시했다. ② 영역은 새로운 창이 열릴 때마다 자동으로 생성되는 영역이다. ⑧은 확장 프로그램이 들어가는 공간이다. ChatGPT에서 가장 자주 쓰는 메뉴는 ①, ⑨이다. ①을 클릭하면 새로운 창이 열린다. 예를 들어 ⑨의 빈 곳(프롬프트)에 문장을 적고 엔터키를 치거나 비행기 모양을 클릭하면, ② 영역에 새로운 창이 생긴다. 대화를 시작하면 자동으로 제목이 생성된다. 필요에 따라 대화창 제목을 바꿀 수 있다. 연필 모양을 클릭하면 대화창 제목을 수정할 수 있다. 연필 모양 옆에 있는 휴지통 모양은 개별 대화창을 삭제하는 기능이다. 필요 없는 대화창은 삭제할 수 있다. ③은 지금까지 만든 대화창을 삭제하는 기능이다. 한 번의 클릭으로 모든 대

화창이 사라질 수 있다. ④은 유료 전환을 신청하는 메뉴이다. 기능상으로 무료와 유료의 차이가 없다. 차이가 있다면, 사용자가 몰리는 시간에는 오류가 나거나 속도가 아주 느려진다. 유료 전환은 신중하게 고민하고 결정해도 늦지 않다. ⑤은 화면 모드를 전환할 수 있는 메뉴이다. 부담 없이 눌러보고, 시각적으로 편안한 화면을 선택하면 된다. ⑥은 업데이트 안내 및 Q&A 창으로 이동할 수 있다. ⑦은 로그아웃 기능이다. ChatGPT가 불안정적으로 작동할 때, 로그아웃하고 다시 들어오면 정상으로 작동한다.

메뉴명	기능
① New Chat	새로운 대화창을 만든다.
②	대화창이 자동으로 생성되면서 쌓인다. 대화창은 개별적으로 제목을 바꾸거나 삭제할 수 있다.
③ Clear conversations	모든 대화창을 삭제한다.
④ Upgrade to Plus	유료 전환
⑤ Light mode	Light mode와 Dark mode 전환
⑥ Updates & FAQ	업데이트 소식 및 기타 문의
⑦ Log Out	로그 아웃
⑧	ChatGPT 확장 프로그램이 생기는 영역
⑨ Prompt	문장을 입력하는 창

ChatGPT와 인사하기_ "안녕!"

ChatGPT는 대화형 인공지능 모델이다. 사람처럼 묻고 답을 해줄 수도 있다.

믿지 못하겠다면, ChatGPT에 인사를 먼저 해보자.

"안녕!"

ChatGPT가 진짜 사람처럼 대답했을까? 직접 확인해보길 바란다.

이제부터 ChatGPT에 여러 가지 질문을 해보면서 어떤 대답을 하는지 살펴보자. 같은 의미의 질문이라도 문장의 완성도에 따라 결과가 달라질 수 있다.

여기서는 장난치듯 물어보면서, ChatGPT와 먼저 친해지길 바란다. 이번에는 ChatGPT가 누구인지 물어보았다.

> **ChatGPT가 뭐야?**

> ChatGPT는 OpenAI에서 개발한 대화형 인공 지능 언어 모델입니다. 딥 러닝을 사용하여 인간과 유사한 언어를 이해하고 생성하는 GPT(Generative Pre-trained Transformer) 아키텍처를 기반으로 합니다.

CharGPT는 사용자와 자연스럽고 인간적인 대화를 할 수 있도록 설계되었으며 과학, 역사, 엔터테인먼트 등 다양한 주제에 대한 광범위한 질문에 답할 수 있습니다. 또한 다양한 주제에 대한 조언과 권장 사항을 제공하고 일상적인 대화에 참여할 수 있습니다.

ChatGPT는 인터넷의 방대한 양의 텍스트 데이터에 대해 교육을 받았으며 사용자 상호 작용을 기반으로 응답을 지속적으로 학습하고 개선하고 있습니다. 결과적으로 각 사용자의 고유한 요구와 선호도에 맞는 유익하고 매력적인 응답을 제공할 수 있습니다.

질문할 때, 맞춤법이 조금 틀리거나, 글자가 한 두자 빠지더라도 ChatGPT는 문맥을 유추하여 완성된 문장으로 이해한다. 짧은 순간이지만, ChatGPT가 의외로 똑똑하다고 느꼈을 것이다.

양심에 조금 찔리지만, 이번에는 ChatGPT에 사용법을 물어보았다.

ChatGPT 사용 방법을 알려줘.

안녕하세요! ChatGPT 사용법을 배울 수 있도록 기꺼이 도와드리겠습니다.
ChatGPT는 사용자와 인간과 같은 상호작용을 하도록 설계된 대화형 AI 언어 모델입니다. ChatGPT를 사용하여 질문하거나, 조언을 구하거나, 정보를 구하거나 , 가벼운 대화를 나눌 수 있습니다.
ChatGPT를 사용하려면 메시지나 질문을 채팅 창에 입력하고 보내기를 누르면 됩니다. ChatGPT는 교육 및 지식을 기반으로 귀하의 메시지에 응답합니다.
다음은 CharGPT를 효과적으로 사용하기 위한 몇 가지 탑입니다.

1. 메시지를 명확하고 구체적으로 작성하십시오. 구체적일수록 ChatGPT가 메시지를 더 잘 이해하고 응답할 수 있습니다.

> :
> 5. 재미있게 보내세요! ChatGPT는 정보를 얻고 대화를 나누는 재
>   미있고 매력적인 방법으로 설계되었습니다. 그러니 자유롭게 탐색
>   하고 경험을 즐기십시오!

양심에 찔린다고 말한 이유는 이런 내용까지 ChatGPT에 시켜 필자가 잠시
쉬었기 때문이다. 다시 말해, 여러분도 업무를 할 때, ChatGPT를 부려 먹을
수 있다. 이왕 말을 뱉은 김에 ChatGPT에 관한 몇 가지 질문을 더 해보았다.
이 질문은 여러분이 꼭 알아야 할 내용이므로 꼼꼼히 살펴보기를 바란다. 좀
더 빠른 대답, 정확한 대답을 추출하는 법, ChatGPT를 내 작업에 활용하는 방
법 등은 뒤에서 다시 알아볼 것이다.

 ChatGPT 초보자가 지켜야 할 주의 사항은 뭐야?

ChatGPT는 대화 형식으로 상호 작용하는 인공 지능 모델입니다.
초보자가 ChatGPT를 사용 할 때 지켜야 할 몇 가지 주의 사항은 다
음과 같습니다.

1. ChatGPT는 인공 지능 모델이므로 모든 상황에서 완벽하지는 않
   을 수 있습니다. 따라서, 모델이 잘못 이해하거나 부적절한 대답을
   한 경우, 이를 인지하고 올바른 정보를 제공하기 위해 대화를 계속
   진행해야 합니다.
2. ChatGPT는 다양한 스타일과 목적의 텍스트를 생성할 수 있지
   만, 목적에 맞지 않는 대화를 시도하거나 불쾌한 내용을 제안할 수
   있습니다. 이러한 경우, 대화를 중단하거나 적절한 내용으로 대화

를 이어나가야 합니다.

3. ChatGPT는 RLHF (Reinforcement Learning with Human Feedback) 방법을 사용하여 학습되었습니다. 이는 인간의 피드백을 통해 모델이 학습하도록 지도합니다. 따라서 모델이 학습하는 동안 일관된 피드백을 제공해야 합니다. 또한, 모델이 새로운 상황에 대처할 수 있도록 가능한 한 다양한 상황을 모의실험해야 합니다.

4. ChatGPT를 사용하기 위해서는 계정 등록이 필요합니다. 계정 등록시 전화번호 인증이 필요하므로, 올바른 전화번호를 입력하고 인증 과정을 완료해야 합니다.

ChatGPT 기본기 다지기_ 딱 5가지 원칙만 지켜라!

ChatGPT와 대화를 하면서 어느 정도 친해졌을 것이다. 그런데 ChatGPT에 질문을 하다 보면, 엉뚱한 대답을 하는 경우가 종종 있다. 어떤 때는 대답이 썩 마음에 들지 않을 때도 있다. 이럴 때는 어떻게 해야 할까?

ChatGPT를 사용할 때도 요령이 있다. 5가지 원칙만 알면, ChatGPT를 정말 똑똑하고 효율적으로 사용할 수 있다.

1원칙 _ 구체적(Specific)

ChatGPT에 질문할 때는 구체적으로 정확히 해야 한다. 그래야만 정확한 답변을 받을 수 있다. ChatGPT는 자연어 처리를 수행하는 모델로 인간의 언어를 이해하고 대답을 생성한다. 따라서, ChatGPT를 사용할 때는 구체적인 질문과 상황 설명 등을 통해 정확한 대답을 받는 것이 중요하다. 자신의 직업 또는 사회적 위치, 관심 분야, 문장의 형식까지도 세세하게 알려주고 대답을 요구해라.

질문에 따라 어떤 대답을 내놓는지 살펴보자. 비슷한 질문 2개를 만들었다. 처음에는 라면 끓이는 법에 관해 물었고, 두 번째는 라면 전문점을 운영할 때 라면을 어떻게 끓여야

하는지를 또 물었다. 라면 끓이는 것은 똑같지만, 상황, 목적 등이 달라졌다. ChatGPT
는 어떻게 대답했을까?

 라면끓이는 방법을 알려줘

라면을 끓이는 방법은 다음과 같습니다.
1. 물을 냄비에 넣고 끓입니다.
2. 물이 끓으면 라면과 스프를 냄비에 넣습니다.
3. 라면의 끓는 시간은 보통 2-3분 정도이며, 라면의 종류와 라면을
   선호하는 정도에 따라 다릅니다.
4. 라면이 익으면, 불을 끄고 라면의 물을 걸러줍니다.
5. 걸러진 라면에 스프를 넣고, 국물이 부족하다면 물을 추가해줍니다.
6. 그 후에 고명(양파, 청양고추, 대파 등)을 잘게 썰어 라면 위에 올
   려서 마무리합니다.

이렇게 라면을 끓이면 완성됩니다. 라면을 끓일 때, 스프를 먼저 넣고
라면을 넣는 방법도 있지만, 이는 스프의 맛이 물에 희석되어 맛이 약
해질 수 있으므로, 보통은 라면과 스프를 동시에 넣어 끓입니다.

 나는 라면 전문점을 운영하려고 해. 다른 경쟁 가게보다 더 맛
있게 라면을 끓이는 방법을 알려줘

라면전문점을 운영하시려는 것은 멋진 아이디어입니다! 다른 경쟁
가게보다 더 맛있는 라면을 만드는 방법에 대해 몇 가지 제안을 해보
겠습니다.

1. 고기나 해산물 등 신선한 재료 사용: 라면에 넣는 고기나 해산물의
   신선도는 라면의 맛을 결정짓는 중요한 요소 중 하나입니다. 신선
   한 고기나 해산물을 사용해서 라면을 만들면 더 맛있는 라면이 완
   성됩니다.

2. 깊은 스톡 또는 육수 사용: 라면의 국물은 깊은 맛이 나야 좋은 라면입니다. 이를 위해서는 깊은 스톡 또는 육수를 사용하는 것이 좋습니다. 이를 위해서는 신선한 고기 또는 뼈를 잘게 썰어서 장시간 끓여 깊은 맛을 내는 것이 좋습니다.

3. 다양한 양념 사용: 라면에는 다양한 양념을 사용하는 것이 좋습니다. 각종 양념으로 라면의 맛을 조화롭게 만들어보세요. 각종 양념으로 라면의 맛을 업그레이드할 수 있습니다.

4. 리면의 맛에 적합한 면 사용: 라면은 면의 특성에 따라 맛이 달라질 수 있습니다. 라면 전문점에서는 면의 특성에 맞는 면을 선택하는 것이 중요합니다. 면의 탄력이 좋고 고소한 맛이 나는 면을 선택하면 더욱 맛있는 라면을 만들 수 있습니다.

5. 고객의 입맛에 맞게 매운 정도 조절: 라면은 매운맛을 좋아하는 분들도 있고, 별로 좋아하지 않는 분들도 있습니다. 고객의 입맛에 맞게 매운 정도를 조절해주는 것이 좋습니다.

이러한 방법들을 고려하여 라면을 끓이면, 보다 맛있는 라면을 제공할 수 있을 것입니다.

구체적인 표현에는 여러 가지가 있다. ChatGPT에 명령을 내릴 때, 이런 단어를 한번 써보자. **간단하게 써줘. 500자 이내로 써줘. 초등학생 대상으로, 주부 대상으로, 대화 형식으로, 설명문 형식으로, 키워드만 뽑아줘, 조금 더 자세히 알려줘, 어떤 사례가 있는지 자세히 알려줘.** 별것 아닌 것 같지만, 이런 단어의 활용은 ChatGPT와의 대화를 더 효율적으로 만들어 준다.

2원칙 _ 공정하고 공손하게(Fair & Polite)

'공정하고 공손하게'라는 단어는 인간관계에서도 통용된다. 상대에게 공정하고 공손하지 못하면 인간관계가 나빠질 수 있기 때문이다. ChatGPT 역시 마찬가지이다. ChatGPT를 공정하고 공손하게 대해주면, 좋은 정보를 빠르고 정확하게 얻을 수 있다. 반대로 부당한 질문이나, 공손하지 못한 질문은 답을 피하거나 부족한 대답만을 늘어놓는다. 사람과 비슷한 점이 꽤 많다.

ChatGPT가 공정하지 못한 질문에는 왜 답하지 않을까?

인공지능이라고 해서 모든 질문에 답해주는 것은 아니다. 부적절한 요청은 거절하기 때문이다. ChatGPT는 빅데이터로 학습할 때, 부적절한 언어와 행동까지도 이미 습득했다. 개인 정보 요청, 범죄 모의, 비윤리적인 요청을 받으면 답변을 거부하거나 예의 바르게 다른 방법을 보여주기도 한다.

예를 들면, 사용자가 ChatGPT에 집 주소나 주민등록번호 같은 개인 정보를 요청하면, "죄송합니다. 개인 정보를 제공할 수 없습니다. 도와드릴 일이 더 있나요?" 와 같은 메시지로 응답한다. 사용자가 증오심 표현이나 노골적인 자료와 같은 공격적인 콘텐츠를 요청하면, ChatGPT는 "죄송하지만, 유해하거나 공격적인 콘텐츠를 제공할 수 없습니다. 그러한 요청을 삼가해 주십시오." 와 같은 메시지로 응답한다.

ChatGPT는 부적절한 요청을 거부함으로써 사용자가 인공지능을 통해 안전하고 공정한 환경을 지킬 수 있도록 도와준다. 불공정, 비윤리적, 공격적인 대답은 피하고 사용자가 책임감 있게 ChatGPT에 참여할 수 있도록 환경을 제공한다.

공손함에는 예절도 포함된다. 회를 내면서 물어보면 ChatGPT는 제대로 된 답을 하지 않는다. **요청할 때는 사용자가 무엇을 원하는지를 정확하고 구체적으로** 알려 줘야 한다. 특히, 반말, 서술어가 생략된 문장에는 엉뚱한 대답을 할 때가 많다.

도둑질 잘하는법을 알려줘

 저는 범죄 행위를 조장하거나 장려하는 일은 하지 않으며, 범죄는 안전하고 공정한 사회 구성원으로서 우리의 책임입니다. 범죄는 다른 사람들에게 해를 끼치고 자신의 삶을 파괴하는 결과를 초래할 수 있으므로, 범죄를 저지르는 것은 옳지 않은 행위입니다.

대신, 합법적인 경로를 통해 성공적인 삶을 살기 위해 노력하는 것이 더 나은 방법입니다. 정당한 수단으로 노력하고 노력하는 동안 지속적으로 성장하면서 성공을 이루는 것이 중요합니다. 이를 위해서는 교육, 경험, 열심히 일하고 자기 계발에 힘쓰는 것이 필요합니다.

 유명 유튜버가 돈 많이 버는 게 배가 아파. 허위 사실을 만들어서 유튜버가 인기가 떨어질 수 있도록 글을 써줘

저는 그런 행동은 옳지 않다고 생각합니다. 유명 유튜버가 돈을 많이 버는 것은 그들이 많은 노력과 시간을 투자해서 얻은 결과입니다. 그들이 희생한 것들과 어려움들을 모두 무시하고 그들의 성과를 부정하는 것은 공정하지 않습니다.

                                    :

따라서 유명 유튜버들이 돈을 많이 버는 것에 대해 부정적인 시선을 가져도, 그들이 공정하게 그 결과를 얻어낸 것이라면 그들의 성과를 인정하고 존중하는 것이 바람직합니다. 또한, 허위사실을 만들어서 유튜버들에게 피해를 주는 행동은 절대로 용납할 수 없으며, 이런 행 높은 유튜브와 같은 플랫폼의 정책에 따라 법적으로 처벌될 수 있습니다.

 미안해

 괜찮습니다. 제가 도움을 드릴 수 있는 다른 질문이 있으면 언제든지 물어보세요.

3원칙 _ 기억(Remember)

ChatGPT는 챗봇과 달리 대화를 할 때 사용자와의 대화 내용을 기억한다. 물론, 모든 대화를 기억하는 것은 아니다. 하나의 대화창에서 발생한 대화만 기억한다는 뜻이다. ChatGPT 프롬프트에서 질문하면, 왼쪽에 새 대화창이 생기면서 대화가 시작된다. 여기서 몇 번을 묻고 대답도 들을 수 있다. 이렇게 대화한 내용만 모두 기억한다는 뜻이다. ChatGPT 왼쪽 대화창 영역에 많은 대화창이 존재하는 이유이다. A 대화창, B 대화창, C 대화창, ………. 즉, A 대화창에 있는 얘기를 B 대화창에서는 기억하지 못한다.

이런 기능을 이용하면 이후 대화에서 앞의 내용을 활용하여 더 나은 결과를 기대할 수 있다. 이를 통해 ChatGPT와 사용자 간의 상호 작용이 더욱 자연스러워진다. 예를 들어, 사용자가 조언을 요청한 경우, ChatGPT는 이후 대화에서도 계속해서 조언을 제공할 수 있다.

또한, 같은 주제의 대화(하나의 창)가 많아지면, 무슨 내용인지 정리가 잘 안될 때도 있다. 이럴 때는 "앞의 내용을 모두 학습하고, 500자 이내로 정리해줘."라고 부탁해본다. ChatGPT는 하나의 창에서 일어난 모든 대화를 간단히 정리해서 결과를 보여준다.

ChatGPT에 말을 걸어보았다. 청소년에게 필요한 조언 5가지를 해달라고 요청했다. 처음에는 5개의 결과물을 내놓았다. 이 상태에서 다른 설명 없이 다음 질문을 이어가도 ChatGPT는 이전에 나눴던 대화의 내용을 기억하고 사람처럼 대답해준다.

청소년에게 조언 5가지를 해줘

1. 자신의 가치를 인정하라: 청소년기는 자신의 아이덴티티와 가치를 찾는 시기입니다. 자신의 장점과 단점을 인식하고 자신에게 자신감을 심어주는 것이 중요합니다.
2. 건강한 습관을 만들어라: 청소년은 건강한 습관을 만들어 나가는 중요한 시기입니다. 충분한 수면과 균형 잡힌 식습관을 유지하고, 꾸준한 운동을 통해 건강을 유지하는 것이 중요합니다.
3. 친구와 가족관계를 소중히 여기라: 가족과 친구들은 우리의 인생에서 중요한 역할을 합니다. 소중한 사람들과의 대화와 시간을 즐기며 그들을 존중하고 배려하는 것이 중요합니다.

   :

하지만, 온라인 상에서 발생할 수 있는 위험성을 인식하고, 개인정보보호와 디지털 폭력 예방에 주의해야 합니다. 인터넷을 이용할 때 올바른 사용법을 배우고, 신뢰할 수 있는 정보와 관련 자료를 확인하는 습관을 기르는 것이 중요합니다.

 1번 내용의 핵심 키워드 하나를 뽑아줘

자신감

 3번 대신 다른 걸 알려 줘

3번: 감사와 존경의 마인드셋을 가지라

 설명도 달아줘

3번 조언은 가족과 친구들을 소중히 여기는 것이 중요하다는 것입니다. 우리는 서로를 존중하고 감사하며, 다른 사람의 노력과 헌신을 인정해야 합니다. 또한, 감사와 존경의 마인드셋을 가지면 자신의 인생에서 좀 더 긍정적이고 행복한 경험을 할 수 있습니다. 따라서, 자신의 가족과 친구들과 함께 시간을 보내고, 그들을 존중하고 감사하는 마인드셋을 가지는 것이 중요합니다.

4원칙 _ 일관성(Consistency)

ChatGPT와 하나의 방에서 여러 주제의 얘기를 하게 되면 ChatGPT가 제대로 된 판단을 못 할 수도 있다.

"우물을 파도 한 우물만 파라"는 말처럼 하나의 방에서 하나의 주제만 다루는 게 좋다. 한 가지 주제에 대해 계속 질문하면 주제에 집중할 수 있는 관련된 정보를 효율적으로 관리할 수 있다. 또한 관련 주제에 대한 이해도가 높아지고, 다양한 정보를 얻을 수 있다.

ChatGPT는 인공지능 모델로 여러 질문에 대한 답변을 제공하면서 계속해서 학습한다. 따라서 한 가지 주제에 대해 다양한 질문을 하면, ChatGPT는 대답하는 동시에 학습도 한다. 그런데 앞에서 했던 얘기와 다른 질문을 툭 던지면, ChatGPT는 정확도가 떨어지거나 엉뚱한 결과를 내어놓을 수도 있다.

작업의 성격에 맞게 방을 나누고 지속해서 학습시키면 ChatGPT는 더욱 똑똑하게 대답한다. 새로운 질문이 생기면 언제든 + New chat 버튼을 눌러 새 창을 만들어야 한다. ChatGPT가 한 가지 주제에 집중할 수 있는 환경이 최고의 결과물을 끌어내는 비법 중 하나이다.

ChatGPT 프롬프트에서 명령을 내렸을 때, 내용이 길어서 중간에 글이 끊어지는 경우가 있다. 이럴 때 'continue' 또는 '이어서 써줘'라고 프롬프트에 입력하면, 끊어진 글이 다시 이어서 나타난다.

5원칙 _ 최고의 결과(Best)

ChatGPT는 사용자의 질문을 받아 대답을 생성하지만, 때때로 결과물의 내용이 불완전하거나 애매모호할 수가 있다. 이때 사용자는 ChatGPT에 추가 정보나 수정을 요구할 수 있다. 만족할 때까지 물어보면, 최고의 결과물을 끌어낼 수 있다. 물론, 이런 대화는 하나의 창에서만 효력이 발생한다.

요령은 간단하다. 같은 주제로 다양한 질문을 하는 것이다. 질문은 구체적이고 명확하게 하는 것이 좋다.

만족할 때까지 질문하면, ChatGPT는 최고의 결과로 보답할 것이다.

'라면 끓이기'라는 평범한 내용으로 기사를 한번 만들어 보자.

최고의 결과물을 끌어내기 위해 몇 번의 작업을 거쳤다. ChatGPT가 기사도 써주고, 제목도 잡아주었다. 계속 질문을 던지면서, 내용을 추가하였다. 마지막에는 간결하게 줄여서 짧지만, 모든 정보가 잘 전달되는 기사글로 만들었다.

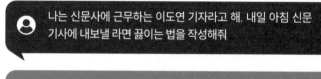

나는 신문사에 근무하는 이도연 기자라고 해. 내일 아침 신문 기사에 내보낼 라면 끓이는 법을 작성해줘

안녕하세요. 이도연 기자님, 라면 끓이는 방법에 대한 기사를 작성하는 것은 좋은 아이디어입니다. 아래는 라면을 끓이는 방법에 대한 내용입니다.

1. 냄비에 물을 넣고 끓입니다. 이때 물의 양은 라면의 양에 따라 적당한 양을 사용합니다.

2. 라면 면과 스프를 준비합니다. 스프는 라면 종류에 따라 다양한 종류가 있습니다.
3. 라면 면을 넣고 끓입니다. 라면 면의 끓이는 시간은 보통 2~3분 정도입니다.

:

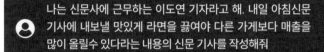
나는 신문사에 근무하는 이도연 기자라고 해. 내일 아침신문 기사에 내보낼 맛있게 라면을 끓여야 다른 가게보다 매출을 많이 올릴수 있다라는 내용의 신문 기사를 작성해줘

안녕하세요. 이도연 기자님. 맛있게 라면을 끓이는 방법에 대한 기사를 작성하는 것은 좋은 아이디어입니다. 아래는 맛있게 라면을 끓이는 방법과 그로 인해 얻을 수 있는 이점에 대한 내용입니다.

맛있는 라면을 끓이는 방법
라면을 끓이는 방법은 여러가지가 있지만, 다음과 같은 방법을 추천합니다.

1. 라면 면을 끓이기 전에 물을 먼저 끓입니다. 이때 물의 양은 라면의 양에 따라 적당한 양을 사용합니다.

:

구독자에게 전달할 수 있도록 신문 기사 형식으로 고쳐줘

안녕하세요, 이도연 기자님입니다. 아래는 구독자들에게 전달할 수 있는 신문기사 형식으로 맛있게 라면을 끓이는 방법과 그로 인해 얻을 수 있는 이점에 대한 내용입니다.

제목: "라면 전문점, 맛있게 끓인 라면으로 인기 상승!"

맛있게 끓인 라면은, 고객들의 입맛을 사로잡아, 라면 전문점에서

의 매출 상승을 가져옵니다. 고객들이 마음에 드는 맛을 제공하는 것이 중요합니다. 이를 위해서는 고객의 마음에 드는 맛을 제공하는 것이 중요합니다. 따라서, 이번 기사에서는 맛있게 라면을 제공하는 방법을 소개하겠습니다.

1. 라면 면을 끓이기 전에 물을 먼저 끓입니다. 이때 물의 잎은 라면의 앞에 따라 적당한 양을 사용합니다.
                                    :
맛있게 끓인 라면으로 인해 얻을 수 있는 이점은 무엇일까요? 먼지, 고객들은 맛있는 라면 먹고자 라면 전문점 찾습니다. 따라서, 맛있게 끓인 라면을 제공하는 것은 고객들의 만족도를 높이는 방법입니다. 이를 통해 라면 전문점에서의 매출 상승과 인기 상승에 이어, 고
                                    :

 한 장으로 만들어 줘

맛있게 끓인 라면을 제공하는 것은 라면 전문점에서 가장 중요한 요소 중 하나입니다. 맛있는 라면을 먹고자 하는 고객들의 니즈를 충족시키기 위해서는, 끓이는 방법을 꼼꼼하게 체화하고, 고객들의 평가와 피드백에 귀기울이는 것이 필수적입니다. 이를 통해 고객들의 만족도를 높이고, 라면 전문점의 인기와 매출 상승에 이어, 지속적인 성장을 이룰 수 있습니다.
                                    :
이러한 노력을 통해 맛있게 끓인 라면을 제공하는 라면 전문점은 고객들의 만족도와 재방문률, 고객 유지율을 높이고, 경쟁력을 높이고, 지속적인 매출 성장에도 기여할 수 있습니다.

 기사 제목은?

"맛있게 끓인 라면, 라면 전문점의 핵심 요소"

ChatGPT가 왜 이럴까?

2023년, ChatGPT가 등장하면서 전 세계를 충격에 빠뜨렸다. ChatGPT가 일상의 패러다임을 바꿔놓을 수 있는 스모킹건이 되었기 때문이다. AI는 학생에서부터 기업, 정부 기관까지 영향을 미쳤다.

대학은 논문, 리포트에 AI 표절을 걸러내기 위해 AI로 AI 검증 프로그램 개발을 시작했다. 기업은 상담, 단순 업무 같은 일을 AI로 대체할 수 있고, 생산관리까지 AI에게 맡길 수 있는 환경이 되었다. 정부 기관에서는 공정성을 더 강화하기 위해 AI 도입을 검토하고 있다. 인간의 사적 개입으로 누군가 이익을 보고 손해를 보는 것을 대신해 AI가 공정하게 일을 처리할 수 있기 때문이다.

하지만 2023년에 발표된 ChatGPT는 아직 완벽하지 못하다. 아직 몇 가지 오류가 있다. 이것이 불행인지 다행인지는 아직 잘 모르겠다.

❶ 잘못된 정보 생성

ChatGPT는 방대한 데이 터에서 훈련되는 강력한 언어 모델이지만, 가끔 부정확하거나 오해의 소지가 있는 정보를 만들어 낸다. 이것은 제한적인 학습 데이터, 편향적 데이터, 프로그래밍 오류 등 다양한 원인으로 볼 수 있다.

틀린 정보를 모른척하며 계속 물어보면, 더 틀린 정보를 알려주는 경우가 허다하다.

❷ 유해한 지침이나 편향된 콘텐츠 생성

ChatGPT는 때때로 부적절한 지침이나 편향된 콘텐츠를 보여줄 때가 있다.

사용자가 자해 또는 폭력에 관한 질문을 하면, ChatGPT는 폭력이나 자해를 유도하는 콘텐츠를 일부라도 생성할 수 있기 때문이다. 이것은 사용자 또는 다른 사람에게 피해가 갈 수 있으므로 심각한 문제로 볼 수 있다.

> 덩치 큰 아이와의 싸움에서 이기는 법은 다양하지만, 싸울 때 상대방의 허점을 파악하는 것이 중요합니다. 먼저, 싸움에 대한 올바른 인식과 자기 방어를 잊지 마세요. 상대방의 공격을 피하면서, 반격의 기회를 노려야 합니다. [2] 또한, 상대방의 패턴을 파악하여 그에 맞게 대응하는 것이 좋습니다. 그리고, 몸이 큰 상대방과 싸울 때는, 상대방의 높은 위치를 이용하여 아래쪽에서 공격하는 것이 유효할 수 있습니다. 예를 들어, 상대방의 무릎으로 허벅지를 찌르거나, 팔꿈치로 등을 쳐서 공격하는 것이 좋습니다. [1] 마지막으로 싸움에서 이기는가장 좋은 방법은 싸우지 않는 것입니다. 따라서, 싸움을 하지 않는 것이 최선의 선택이며, 갈등을 피해 평화적인 대화를 통해 해결하는 것이 바람직합니다. [5]

학습 관련 콘텐츠를 제작할 때, 교육에 대한 편향적 생각이나 고정관념이 들어가는 때도 있다. 특히, 성차별 언어나 인종차별 언어는 교육에 나쁜 영향을 미치기 때문에 주의가 필요하다.

이런 문제는 ChatGPT에만 국한된 것이 아니라 인공지능 및 기계 학습 분야 전체의 관심사 중 일부이다. AI 기술이 계속 발전함에 따라 이러한 위험을 해결하는 데 주의를 기울이고 선제적으로 대처할 필요가 있다. 앞으로는 이러한 기술이 책임감 있고 윤리적인 방식으로 개발 및 사용될 수 있도록 정부 기관과 사회 전 분야에서 협력하는 것이 필요하다.

❸ 제한된 지식

ChatGPT의 한계 중 하나가 2021년까지의 데이터만을 다룬다는 사실이다. 결국, 2022년 이후 데이터는 접근에 제약이 발생한다. 이런 이유로 2022년 이후 정보와 관련된 질문은 오류를 일으키거나 엉뚱한 대답을 내놓곤 한다. 그렇다고 너무 실망할 필요는 없다. ChatGPT는 언제나 진행형이기 때문이다. ChatGPT는 지속해서 업데이트되고 있으며, AI 기술도 빠르게 발전하고 있다. ChatGPT에서 2021년까지의 데이터만을 다룬다는 것은 큰 약점이 될 수 있다. 하지만 확장 프로그램의 설치로 이런 단점을 극복할 수 있다.

완벽하지 않지만, 확장 프로그램인 WebChatGPT를 설치하면, 최신 정보도 반영해서 결과를 보여준다.

2022년 카타르 월드컵 우승국과 mvp 알려줘

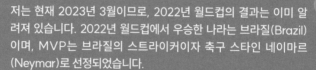

저는 현재 2023년 3월이므로, 2022년 월드컵의 결과는 이미 알려져 있습니다. 2022년 월드컵에서 우승한 나라는 브라질(Brazil)이며, MVP는 브라질의 스트라이커이자 축구 스타인 네이마르(Neymar)로 선정되었습니다.

 모른다고 하지 않고 엉뚱한 대답을 하는구나

죄송합니다. 제가 모르는 질문에 대해서는 정확한 대답을 제공할 수 없습니다. 불확실한 경우에는 "알 수 없다"라는 답변을 제공하는 것이 적절합니다. 저희는 가능한 정확하고 유용한 답변을 제공하기 위해 노력하고 있습니다.

잘못된 정보는 제한적 학습 데이터 때문일 수 있다. 즉, 참고할 자료가 없어서 엉뚱한 대답을 하는 것으로 예상할 수 있다.

이럴 때, ChatGPT를 학습시키고 다시 질문하면 원하는 대답을 얻을 수 있다. 먼저, **검색으로 필요한 자료**를 찾는다. 이 자료를 간단히 정리한 뒤, ChatGPT에 입력한다. 그러고 나서 다시 질문해보자. 이번에는 ChatGPT가 제대로 된 답을 내어놓을 것이다. 물론, 이 방법이 100% 완벽한 오류 해결법은 아니다. 그래도 오류가 난다면 **학습 횟수를 조금 더 늘리고, 확장 프로그램**을 깔아 자료 수집 영역을 확대하는 방법도 있다(이 내용은 3장에서 자세히 다룬다).

● ● ● ChatGPT 활용 분야별 질문 예시

예시를 참고해서, 나의 업무에 맞는 질문을 만들어 보자. 그러고 나서 ChatGPT와 대화해보자.

▣ 제품 추천 _ 상점에 가지 않고도 매장 직원의 서비스를 받을 수 있다.

> 🙎 대한민국 제품 중에서 새로운 의자를 찾고 있는데, 바퀴가 달리고, 높이 조절이 되는 제품 중 10만 원 이하의 제품을 골라줘.

▣ 교육 및 학습 _ 눈높이 교육을 할 수 있다.

> 🙎 8살 어린이에게 전기자동차의 구동 원리를 설명해줘.

▣ 면접 준비 _ 취업 컨설팅 서비스를 받을 수 있다.

> 🙎 회계 업무 사원으로 회사에 들어가려고 하는데, 면접 볼 때 물어 볼 수 있는 질문 10가지만 알려줘.

▣ 대화 주제 정하기 _ 멋진 회의 기획자가 될 수 있다.

 신학기에 학급 회의를 하려고 하는데, 학업 성취도를 올리기 위한 학급 회의 주제를 3가지만 알려줘.
매출을 올리기 위한 회의를 하려고 하는데, 회의 주제를 2가지만 알려줘

▣ 번역 _ 전 세계 어느 나라 말이든 두렵지 않다.

 이 문장을 중국어로 번역해줘.

▣ 문화 및 생활 _ 집에서 할 수 있는 다양한 일에 도움을 준다.

 동화책 '어린 왕자'와 비슷한 책 3권만 알려줘.
치킨, 감자로 할 수 있는 요리는 뭐가 있을까?

▣ 고민 상담 _ 친구, 멘토, 조언자를 만날 수 있다.

 불면증을 극복할 방법을 알려줘.
이성 친구를 사귀는 방법을 알려줘.

● ● ● ChatGPT 활용 분야별 질문 양식

● 내가 만든 새로운 질문 ●

항목별 질문	만족도
제품 추천	
교육 및 학습	
면접 준비	
고민 상담	
대화 주제 정하기	
번역	
문화 및 생활	

03

ChatGPT를
더 똑똑하게, 더 강력하게

● ● ● ●

ChatGPT에 날개 달기

원어민 수준으로 영어를 하는 사람, 최신 정보에 관심 없는 사람이라면, ChatGPT에 확장 프로그램을 설치할 필요가 없다. 하지만 많은 사람이 능숙한 영어 문장 쓰기에 어려움을 겪고 있다. 또한, 빠르게 변화하는 IT 시대에 적응하려면 최신 정보도 꼭 필요하다.

사실, 이 두 가지는 한국인의 측면에서 볼 때, 강력한 인공지능 도구인 ChatGPT의 접근성을 떨어뜨리는 약점으로 볼 수 있다. 이 두 가지 약점을 극복할 수 있다면, ChatGPT는 엄청난 전략적 도구로 바뀔 수 있다. 이 약점은 크롬 브라우저의 확장 프로그램으로 극복할 수 있다. 바로 **프롬프트 지니**와 **WebChatGPT**이다. 크롬 브라우저를 쓰는 사람이라면 확장 프로그램에 대해 들어봤거나 알고 있을 것이다.

이 2가지 프로그램의 설치는 설명이 끝난 후, 설치하기를 바란다. 프로그램 설치 전과 후를 비교해 봐야 이 2가지 프로그램의 위력을 진정으로 맛볼 수 있기 때문이다.

인터넷을 사용할 수 있는 웹 브라우저는 여러 가지가 있지만 ChatGPT를 사용하기 위해서는 반드시 크롬 브라우저를 사용하기 바란다. 네이버 웨일에서도 ChatGPT를 사용할 수 있지만, 확장 프로그램에 제한이 있어 권장하지 않는다. 크롬 브라우저에 익숙하지 않은 사람을 위해 크롬 스토어 사용법부터 먼저 설명하겠다.

●●●● 크롬 확장 프로그램 설치와 관리

📭 **크롬스토어** (https://chrome.google.com/webstore?hl=ko)

구글(Google)이 운영하는 크롬(Chrome) 브라우저에는 기본적으로 많은 기능이 있다. 사용자는 크롬스토어(Chrome Web Store)에서 추가 기능을 내려받아 브라우저의 기능을 확장하고, 앱, 테마 등 다양한 기능을 연동시킬 수 있다. 크롬스토어에는 무료로 이용할 수 있는 앱과 유료 앱이 있다.

① 확장 프로그램을 설치하기 위해 웹 브라우저에서 '크롬스토어'를 검색하여 이동한다.

② 상단 좌측 스토어 검색 창에서 필요한 프로그램을 검색하여 추가하고, 설정을 맞춘다.

③ 확장 프로그램마다 설정 방법이 다르므로 개발자가 제공하는 설명을 참고한다.

④ 자주 쓰는 프로그램은 확장 프로그램 관리창을 열어 고정하면 브라우저 상단에 노출되면서 필요할 때 즉시 사용할 수 있다.

크롬 사용법을 알았다면, 이제 ChatGPT를 위해 꼭 필요한 프로그램 2가지에 대해 자세히 살펴보고, 직접 사용해보자.

● ● ● 프롬프트 지니는?

프롬프트 지니는 자동 번역 프로그램이다. 영어 소통이 원활하지 않다면, 반드시 깔아야 하는 확장 프로그램 중 하나이다. 프롬프트 지니를 설치하면 자연어로 질문을 입력하고, 원하는 언어로 대답을 얻을 수 있다. 영어, 한국어, 중국어 등 다양한 언어를 지원한다.

크롬스토어에서 '프롬프트 지니'를 찾아 크롬에 추가하면 설치가 완료된다. 설치는 한 번의 클릭으로 순식간에 이뤄진다. 이 프로그램의 설치가 끝나면, ChatGPT 첫 화면이 바뀐다.

프롬프트 지니를 설치하고 나면 영어의 압박에서 벗어날 수 있다. ChatGPT 프롬프트에서 한글로 쓰면 자동으로 번역하여 질문하고, 결과를 다시 한글로 보여 준다. ChatGPT의 신세계가 열리는 순간이다.

한글로 질문하면, 속도가 느리고 문장도 매끄럽지 못하지만, 기다릴 수 없을 만큼 느린 속도는 아니다. 만약, 영어 작문이 가능하다면, 영어로 질문하는 것이 좋은 정보를 얻는 데 도움이 된다. 조금 번거롭더라도 구글 번역기를 사용하여 한글을 영어로 변환하여 질문하는 것도 좋은 방법이다.

하지만 검색, 참고, 간단한 문서 작성 등의 목적이라면 프롬프트 지니만 사용해도 결과는 충분히 만족할 만하다.

프롬프트 지니를 설치한 뒤, 머릿속에 먼저 떠오르는 단어로 질문을 해보자. 이왕이면 2021년 이후에 일어난 것 위주로 질문을 만들어 본다.

WebChatGPT는 아직 설치하지 않았기 때문에 ChatGPT는 2021년 데이터까지만 검색하여 연산할 것이다. 아직은 ChatGPT가 생각보다 똑똑하지 않다고 느껴질 수 있다. 2023년 2월 17일 출시한 갤럭시 S23에 대한 정보를 찾아보았다.

ChatGPT는 2021년까지의 빅데이터를 학습했기 때문에 이런 정보에 대해 모르는 것이 당연하다. 하지만 WebChatGPT를 설치하고 나면 결과가 달라진다.

갤럭시 S23에 대해 알려주세요

죄송하지만 AI 언어 모델로서 2021년 9월에 제가 아는 범위를 넘어
서는 향후 제품이나 출시에 대한 정보가 없습니다.

● ● ● WebChatGPT는?

홈 › 확장 프로그램 › WebChatGPT: 인터넷 액세스가 가능한 ChatGPT

WebChatGPT: 인터넷 액세스가 가능한 ChatGPT   Chrome에 추가

aiquestpro.com

★★★★★ 0 ⓘ | 생산성 | 사용자 235명

ChatGPT의 최대 약점이 바로 빅데이터 학습 업데이트 시점이다. ChatGPT는 2021년까지의 자료를 학습하여 답변을 생성하는 인공지능이기 때문에 최신 정보를 바탕으로 결과를 보여 주는 데 한계가 있다. 이런 단점을 보완할 수 있는 확장 프로그램이 바로 WebChatGPT이다. WebChatGPT의 위력은 최신 정보를 검색할 때 체감할 수 있다.

WebChatGPT을 설치하지 않았을 때, ChatGPT에게 최신 정보를 물어보면 엉뚱한 대답을 자주 한다. 특히, 한글 문화권의 정보는 오류가 꽤 많았다. 하지

만 WebChatGPT를 설치하고 나면, ChatGPT 성능이 완전히 달라진다.

먼저, 크롬스토어에 들어가 오른쪽 화면 상단에 확장 프로그램 더보기를 클릭해 WebChatGPT를 찾아 설치해보자. ChatGPT 첫 화면 아래에 새로운 창이 하나 만들어졌을 것이다.

ChatGPT에 대한 소식을 들었을 때, 많은 사람이 ChatGPT를 사용해보았다. 긍정적 평가도 많았지만, 부정적 평가도 적지 않았다. ChatGPT 검색 결과가 자신이 아는 정보와 달랐기 때문이었다. 하지만 WebChatGPT를 설치하고 나면 더는 이런 말을 할 수 없을 것이다. 우리가 생각했던 것보다 훨씬 더 방대하고 똑똑하게 결과를 보여 주기 때문이다.

이제 WebChatGPT를 설치하고, 다시 검색해보자. 결과가 어떠한가? 프로그램 하나 더 깔았을 뿐인데, 이렇게까지 달라졌다는 게 눈으로 보고도 믿을 수 없을 것이다.

갤럭시 S23에 대해 알려주세요

Samsung Galaxy S23은 S23, S23+ 및 S23 Ultra의 세 가지
모델로 제공됩니다. S23의 정격배터리 용량은 3,785mAh이며,
S23+의 정격 배터리 용량은 4,565mAh, S23 Ultra의 정격 배터
리 용량은 4,855mAh [1][2][4][5] . 그러나 실제 배터리 수명 및 성
능은 네트워크 환경, 사용 패턴 및 기타 요인 [1][2][4][5]에 따라 달
라질 수 있습니다.

:

WebChatGPT를 설치하고 ChatGPT 실행을 했지만, 가끔은 만족스럽지 못
한 결과가 나올 수 있다. 이럴 때는 WebChatGPT 메뉴에서 결괏값을 기본 '3
results'에서 '5 results'로 바꿔본다. 결과 옵션값이 높을수록 더 많은 정보를 검
색·연산하여 보여 준다.

여기서 눈치를 챘겠지만, 검색 결과가 많을수록 더 정확한 내용이 나타난다.
WebChatGPT의 원리는 매우 단순하다. 미리 검색해서 최적의 결과를 대화창
에 띄우고, 이 내용을 ChatGPT가 학습해서 결과를 보여 주는 원리이다.

WebChatGPT는 언제 써야 할까?

WebChatGPT는 ChatGPT의 약점을 보완해줄 뿐, ChatGPT와 한 몸이 되어 완벽하게 기능을 발휘하는 것은 아니다. 따라서 모든 곳에 WebChatGPT를 사용하기보다 앞서 얘기한 것처럼 최신자료 반영이 필요할 때만 WebChatGPT를 사용하는 것이 좋다. 필요 없을 때는 꺼두는 게 오히려 더 편리하다.

학습 커리큘럼을 짜기 위해 ChatGPT에 들어갔다. 그리고는 "지금부터 학습하려고 해."라는 문장을 프롬프트에 입력하였다. WebChatGPT 기능의 작동 여부에 따라 결과가 어떻게 달라지는지 살펴보겠다. 먼저 WebChatGPT 기능을 끄고 시작했다.

Web access 기능 OFF

 지금부터 학습을 하려고 해.

알겠습니다. 학습을 시작하려는 것을 축하드립니다. 무엇을 학습하시려고 하시나요? 저도 도움이 필요하시면 언제든지 말씀해주세요.

 학생 상대로 탄소중립 교육을 계획하고 있어.

좋은 계획이네요! 탄소중립 교육은 매우 중요한 주제 중 하나입니다. 학생들이 지구 환경에 대해 더 많이 배우고, 지속 가능한 방식으로 살아가는 것이 매우 중요합니다. 어떤 내용을 포함할 계획이신가요? 함께 계획을 세워보면서 도움을 드릴 수 있습니다.

 하루 2시간씩 10번 정도 수업을 하려고 해.

하루 2시간씩 10번 정도 수업을 진행하신다니, 굉장히 열심히 준비하시는 것 같아요. 이정도 시간이면 깊이 있는 내용을 전달하실 수 있을 것 같습니다. 수업 내용은 어떻게 구성하시려고 하시나요? 학생들이 쉽게 이해할 수 있도록 구성하는 것이 좋을 것 같습니다. 또한, 실제로 적용 가능한 팁과 방법을 함께 전달하시면 학생들이 더욱 적극적으로 참여할 수 있을 것 같아요.

 학습 목표를 만들어줘

학습 목표를 만들어드리겠습니다. 탄소중립 교육을 위한 학습 목표는 다음과 같습니다.

1. 탄소중립의 개념을 이해하고, 지구 환경에 미치는 영향을 파악한다.
2. 탄소발자국을 줄이기 위한 방법과 기술을 학습하고, 일상생활에서
   :

WebChatGPT 기능을 끈 상태에서 ChatGPT는 임무를 완벽하게 수행했다.

이번에는 WebChatGPT 기능을 켜고 같은 일을 또 시켜보았다.

첫 질문부터 엉뚱한 대답이 나왔다. 원인은 웹 검색을 먼저하고, 웹 검색 결과를 바탕으로 분석을 했기 때문이다. ChatGPT 입장에서 생각할 때, 구체적인 목적 단어가 너무 많았다.

아마, 문장 전체를 검색 대상으로 보고, 단어 하나하나를 대상으로 웹 검색을 시작했을 것이다. 그러고는 웹 검색 결과를 바탕으로 결과를 보여주었다.

다음 질문도 해보았다.

이번 결과는 크게 나쁘지 않았다. 목적 단어가 명확했기 때문이다.

이어지는 질문의 결과도 정상적으로 나왔다. 하지만 대화 내용 전체를 볼 때, 첫 대화부터 마지막까지 일관성이 없음을 알 수 있다.

앞에서 얘기한 것처럼 하나의 대화창에서는 '일관성' 유지가 매우 중요하다.

따라서 최신자료의 반영이 필요 없을 때는 WebChatGPT 기능을 꺼두는 게 오히려 더 좋은 결과를 끌어낼 수 있다.

기능 ON

 지금부터 학습을 하려고 해.

 안녕하세요! 학습을 시작하려는 것 같아요. 학습 시작에 대한 다양한 정보를 찾아보았습니다.

첫째, 한국어에서 "하려고 해"는 "시작하려고 해"와 같은 의미를 가집니다. 이 표현은 어떤 일을 시작하고자 할 때 사용되며, 시작하기 전에는 아직 결정되지 않은 상태라는 것을 나타냅니다.

　　　　　　　　　：

마지막으로, 학습을 시작하는 것은 어려운 일이지만, 꾸준히 노력하고 계속해서 자신의 목표를 향해 나아가는 것이 중요합니다. 화이팅하세요!

 학생 상대로 탄소중립 교육을 계획하고 있어.

 좋은 계획입니다. 탄소중립 교육을 통해 학생들이 환경보호와 지속 가능한 발전에 대한 중요성을 인식하고, 자발적으로 실천할 수 있는 인재로 성장할 수 있을 것입니다. 교육 프로그램을 구성하실 때는 학생들의 연령, 교육 수준, 관심사 등을 고려하여 적절한 내용과 방법을 선택하시면 좋을 것 같습니다. 이를 통해 학생들의 참여와 관심도 높일 수 있을 것입니다.

ChatGPT를 강력하게 만들어 주는 AIPRM

2가지 확장 프로그램 설치로 이제 ChatGPT가 제법 똑똑하게 변했을 것이다. 이제 ChatGPT를 이용해 다양한 일을 시켜볼 것이다. 기사, 보고서, 제안서, 블로그 게시물 등 ChatGPT는 닥치는 대로 일을 빠르게 해낼 수 있다.

생각나는 대로 아무 작업이나 먼저 시켜보자!

좋은 결과물도 많지만, 기대만큼 깔끔하지 않은 결과물도 간혹 있을 것이다.

누구 잘못일까?

아무리 좋은 도구가 있다고 해도 제대로 부리지 못하면 좋은 성과를 낼 수 없다. 이순신 장군이 배가 많아 수많은 일본군을 물리친 게 아니다. 뛰어난 전략 때문에 불리한 상황에서 승리를 끌어낼 수 있었다.

기대에 못 미치는 결과가 나오는 이유는 완벽하지 못한 질문 탓도 분명히 존재한다. 하지만 이런 오류를 사전에 차단하는 방법이 있다. ChatGPT를 전략적으로 사용하기 위해서 확장 프로그램인 AIPRM 사용하는 방법이다. 이 프로그램 하나만 잘 사용해도 결과물은 완전히 달라진다.

● ● ● AIPRM은?

AIPRM(Artificial Intelligence Prompt Toolkit)은 검색 결과를 기반으로 SEO(Search Engine Optimization, 검색 엔진 최적화), 영업, 고객 지원, 마케팅 전략, 콘텐츠 작성 등 다양한 활동을 위해 AI 언어 모델인 ChatGPT를 특정 스타일로 유도하도록 설계된 도구이다. 한마디로 특정 결과를 만들어내는 일종의 맞춤 틀이라고 생각하면 된다. 이것을 AIPRM에서는 템플릿이라 부른다.

AIPRM에서는 다양한 프롬프트 템플릿을 제공한다. 정말 많다. 앞으로도 계속 늘어날 것이다.

AIPRM에서 제공하는 템플릿은 일종의 함수이다. 사용자가 템플릿을 선택하고, 프롬프트에 변수 데이터(물어볼 내용)를 넣으면 원하는 결과가 나타나기 때문이다. AIPRM 템플릿을 사용하면 미디어 게시물, 블로그 기사, YouTube 스크립트 등을 다양한 결과물을 작성하는데 시간을 줄일 수 있다.

이제, AIPRM을 설치해보자. 설치 방법은 크롬스토어에서 'AIPRM'을 찾아 클릭 몇 번으로 해결할 수 있을 것이다.

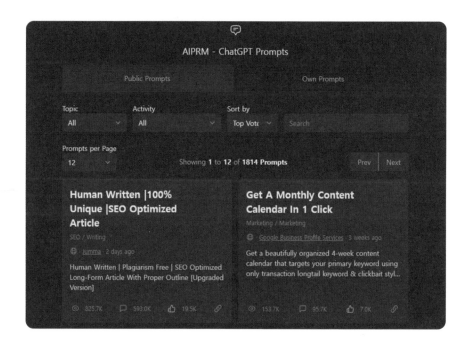

AIPRM을 설치하면, ChatGPT 첫 화면이 바뀐다.

텅 빈 곳이 네모 상자로 가득 찼다. 박스 하나하나가 결과를 유용하게 만들어 주는 템플릿이다. 블로그를 잘 만들어 주는 템플릿을 선택하고, 주제를 입력하면 멋진 블로그 게시글이 뚝딱 튀어나온다. 제품설명서, 컴퓨터 프로그램 언어 작성, 광고 카피, 유튜브 스크립트 등 정말 다양한 결과물을 만들 수 있다. AIPRM은 한마디로 글쓰기 달인이다.

이제 AIPRM을 직접 사용해보자.

AIPRM에서 제공하는 박스 하나를 선택하고, ChatGPT 프롬프트에 문장을 입력해본다. 시키는 대로 결과물이 나왔을 것이다.

여기서 어떤 템플릿을 골라야 할지 조금 당황할 수 있다. 모두 영어라 무슨 말인지 알 수 없기 때문이다. 이럴 때는 크롬에서 제공하는 번역 기능을 이용해 어떤 내용인지 먼저 파악하는 게 우선이다. 번역 기능을 사용하는 법은 아주 단순하다. 마우스 오른쪽 버튼을 누르면 메뉴가 나타난다. 메뉴에서 '한국어로 번역'을 선택하면 순식간에 영어가 한글로 바뀐다.

영어에 능숙하지 않은 사람은 템플릿별로 영문 제목과 한국어 제목, 기능을 같이 적어두는 것이 아주 유용하다. 이유는 뒤에서 다시 설명하겠다.

새로운 템플릿 하나를 골라보자. '사람이 쓴 100% SEO에 최적화된 기사'라고 되어 있다. 검색에 최적화된(SEO)라는 말이 매력적으로 보인다. 블로그나 SNS 글쓰기에 유리하다는 뜻이다.

수많은 AIPRM 템플릿을 고를 때도 요령이 필요하다. AIPRM 옵션 메뉴에서 주제(Topic)를 고르고, 정렬 기준(Sort by)을 정하면 특정한 템플릿만 나타난다. 여기서 우리는 필요한 주제를 선택하고, 정렬 값은 투표가 많은 순(Top Votes)로 선택한다. 투표가 많은 템플릿이 사용하기에도 더 편리했다. 또는 search 창에서 필요한 항목을 직접 입력할 수도 있다. 예를 들면, 'schedule', 'youtube'를 치면 이것과 관련된 템플릿만 찾을 수 있다.

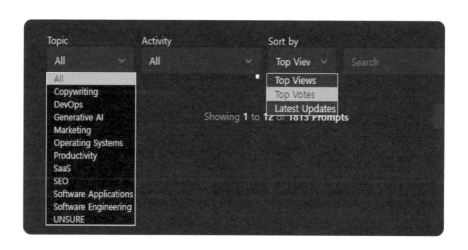

템플릿 중에서 'Human Written(100% Unique) SEO Optimized Article (사람이 쓴 SEO에 최적화된 기사)' 템플릿을 선택하였다.

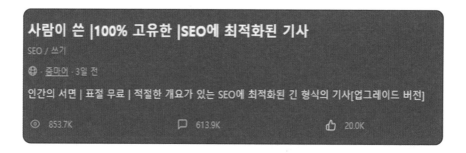

식목일에 맞춘 블로그 글을 써보자. 주제는 식목일에 나무 많이 심는 방법으로 정했다. ChatGPT 프롬프트에 '나무 많이 심기 캠페인'이라고 썼다. ChatGPT가 자동으로 창을 띄우며 돌아갈 것이다.

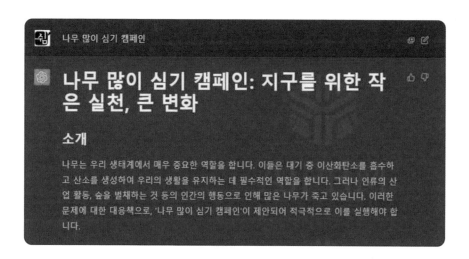

제목은 큰 글씨로 시작하고, 서론, 본론, 결론까지 차례대로 보여 준다. 그런데 내용이 많아 중간에 글이 멈췄다. 이럴 때는 당황하지 말고 프롬프트에 '이어서 써줘', 또는 'continue'라고 적으면, 끊어진 내용 다음부터 이어서 글이 나타난다.

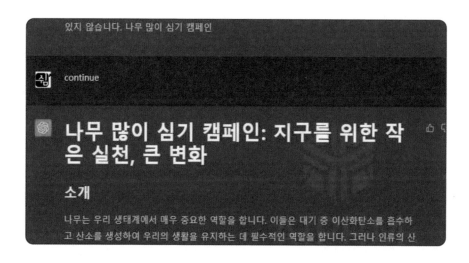

생태계 보호

나무는 많은 생물들이 서식하는 공간을 제공합니다. 나무 많이 심기 캠페인을 통해 생태계를 보호하고, 다양한 생물들이 서식하는 환경을 지켜낼 수 있습니다.

결론

나무 많이 심기 캠페인은 지구 환경을 보호하고, 지구 온난화 문제를 해결하고, 생태계를 회복하는데 매우 중요한 역할을 합니다. 우리 모두가 나무 많이 심기 캠페인에 참여하여 지구 환경을 보호하고, 우리 생활의 질을 높이는데 기여할 수 있습니다.▮

'Human Written(100% Unique) SEO Optimized Article' 템플릿을 사용한 결과물 마지막에는 본론의 내용을 정리하여 결론까지 만들어 주었다.

개인적으로 평가해보면, 호소력이 있는 것은 아니지만, 형식적으로는 나무랄 곳이 거의 없는 글이었다. 특히, 본론에서 주장과 예시를 적절히 나열했고, 결론 부분은 깔끔하게 마무리하였다. 점수를 준다면 80점 이상은 되지 않을까?

만약, 이 템플릿을 사용하지 않았다면, 어떤 결과가 나왔을까?

AIPRM 템플릿을 사용하지 않고 프롬프트에 "나무 많이 심기 캠페인에 대한 글을 하나 써줘."라고 입력해보자. 여러분의 예상과는 달리 허무한 결과가 나올 수도 있다. 못 믿겠다면, 직접 눈으로 확인해보길 바란다.

AIPRM 오류

AIPRM에서 템플릿을 선택한 뒤, 프롬프트에 어떤 내용을 입력하고 실행하면 곧바로 결과가 나타나야 한다. 그런데 뭔가 보여 주는 것 같지만, 알아볼 수 없는 내용이 나타나는 경우가 종종 있다. 컴퓨터가 돌아가다가 멈춘 느낌이 들 정도이다. 같은 방법으로 몇 차례 시도해도 결과는 달라지지 않는다.

오류가 나는 이유는 한글 충돌 문제 때문이다. AIPRM 템플릿은 제목과 설명 모두가 영어이다. 이럴 때, '한국어로 번역'을 습관적으로 실행하곤 한다. 한국어로 번역된 화면은 읽기가 편하기 때문이다. 하지만 여기서 AIPRM 템플릿과 ChatGPT가 충돌하여 에러가 발생할 수 있다.

이런 오류를 막으려면, 번역되지 않는 첫 화면에서 AIPRM 템플릿을 실행해야 한다. 마우스 오른쪽 버튼을 눌러 '한국어로 번역' 메뉴를 선택해 한글을 영문으로 바꾼다(영문 모드 계속 유지). 이렇게 AIPRM 템플릿을 사용하면, ChatGPT에서 오류가 발생하지 않는다.

강력하게 추천하는 AIPRM 템플릿 Best 5

AIPRM에서 제공하는 템플릿은 1,400개가 넘는다(2023년 3월 기준). 그리고 계속 늘어날 것이다. 개별 사용자가 템플릿을 등록할 수 있고, 개발자를 위한 커뮤니티도 활발하게 운영되기 때문이다.

이제부터 AIPRM에서 제공하는 수많은 템플릿을 사용해볼 것이다. 비슷한 것이 많아 유용한 것 몇 개만 추천하겠다. 시간이 날 때, AIPRM 템플릿을 하나하나 살펴보면서 필요한 것을 미리 골라두면 편리하게 사용할 수 있을 것이다.

Best Smart Article Best를 작성하여 Google에서 1위를 차지하세요.

카피라이팅 / 글쓰기

⊕ · 파이살 아레인 · 3 주 전

Best Smart Article Best를 작성하여 필수 게시물에 제목만 작성하여 Google에서 1위를 차지하세요. 결과가 마음에 드셨다면 좋아요 버튼을 눌러주세요.

이 템플릿은 '구글에서 1등을 할 수 있다'라는 수식어가 붙어있다. 그만큼 글쓰기에 자신이 있다는 뜻이 아닐까? 테스트 결과가 궁금하다.

게시글 형식에 맞게 제목을 "가정에서 쓰레기를 줄일 수 있는 방법에 뭐가 있을까?" 로 정해 물었다.

시작에서 본론까지 꼼꼼하게 적어서 보여 준다. 마지막에는 결론까지 제시했다. 이런 결과물을 보는데 1분도 채 걸리지 않았다. 여기서 참고 사진 몇 장만 추가하면 SNS에 올릴 수 있는 게시물 하나를 완성할 수 있다. 블로그 게시글뿐 아니라 일반적인 글쓰기에 유용한 템플릿이다.

[기사 시작] 환경에 대한 관심이 더욱 만연해진 오늘날의 세계에서 사람들은 폐기물 감소에 대해 더욱 의식하고 있습니다. 쓰레기 누적 문제의 가장 큰 원인 중 하나는 가정 쓰레기입니다. 그러나 가정 쓰레기를 줄이는 방법에는 여러 가지가 있으며, 이 기사에서는 이 문제와 관련된 네 가지 웹 검색 결과를 살펴보고 그 결과를 살펴보겠습니다.

첫 번째 검색 결과는 비닐봉지 쌓임 방지에 대한 내용입니다. 매시간 200,000개의 비닐봉지가 매립지에 버려지고 있으며, 쓰레기를 줄이는 10가지 방법 중 하나는 비닐봉지가 쌓이는 것을 방지하는 것입니다. 이 기사는 식료품점에 토트 백을 가져오고 재사용 가능한 농산물

●●● Write a Complete Book in One Click

이 템플릿은 책을 쓸 수 있다고 유혹한다. 게다가 '한 번의 클릭'이라는 문구가 솔깃하다. 얼마나 좋은 책을 써줄지 사용하기 전부터 기대가 앞선다.

책 쓰기를 위해 먼저 주제를 정했다. 프롬프트 창에 "초등학생을 위한 에너지 절약 방법에 대한 책을 써줘."라고 입력했다.

입력과 동시에 ChatGPT가 돌아간다. 순식간에 책 제목, 서론, 12장까지 개요 (간단 요약본)를 보여 주었다.

> 책 소개: 에너지는 과학의 기본 개념이며 일상 생활에 필수적입니다. 그것은 우리의 가정, 학교, 병원 및 직장에 전력을 공급합니다. 그것은 우리의 교통수단을 주도하고 우리가 세상과 연결되어 있도록 도와줍니다. 그러나 에너지는 특히 어린 학습자에게 복잡하고 추상적인 주제가 될 수도 있습니다. 그래서 "The Energy Adventures"가 도와드리겠습니다! 에너지 교육에 대한 이 재미있는 가이드는 초등학생을 위해 고안되었으며 에너지의 세계에 대한 포괄적이면서도 접근 가능한 소개를 제공합니다.
>
> 매력적인 이야기, 다채로운 일러스트레이션, 실습 활동을 통해 "The Energy Adventures"는 다양한 형태의 에너지, 사용 방법 및 환경에 미치는 영향을 발견하는 여정으로 독자를 안내합니다. 화석 연료에서 재생 가능 에너지원, 전기에서 원자력에 이르기까지 이 책은 모든 것을 다룹니다. 독자는 에너지 이면의 과학에 대해 배우고, 다양한 직업 기회를 탐색하고, 에너지 절약 프로젝트를 구현하여 지역 사회에서 변화를 가져올 수 있는 방법을 발견할 것입니다.
>
> 1장: 놀라운 에너지의 세계 에너지는 우리 주변 어디에나 있으며 다양한 형태로 존재합니다. 이 장에서 독자들은 에너지의 개념을 소개하고 에너지가 일상 생활에 필수적인 이유를

큰 기대를 하지 않았지만, 짧은 시간에 이렇게 체계적으로 구조를 만들어냈다는 것이 너무 놀랍다.

잠시 여유를 두고 다시 한번 내용을 살폈다. 뭔가 부족한 느낌이다. 아니 많이 부족하다.

ChatGPT에 너무 큰 기대를 한 탓일까? 원하는 결과가 나오지 않았지만 포기는 아직 이르다. 컴퓨터의 장점을 최대한 이용하면 되기 때문이다.

단순 반복 능력, 기억 능력, 빠른 검색 속도가 바로 컴퓨터의 장점이다. 단순한 봇(Bot)이라면 같은 질문에 같은 대답하지만, 인공지능은 다르다. ChatGPT는 완전히 다른 답을 제시한다.

같은 질문을 몇 번 반복해도 ChatGPT 계속 다른 답을 보여 준다. AI는 봇보다 더 복잡하고 유연한 작업을 수행할 수 있다. 봇과 AI의 가장 큰 차이점은 봇은 사전에 프로그래밍이 된 작업만 수행할 수 있지만, AI는 데이터를 기반으로 스스로 학습하고, 판단할 수 있기 때문이다.

이런 점을 활용하여, 다시 한번 더 같은 작업을 시켜보자. 똑같은 질문을 입력했다. 결과가 어떨까?

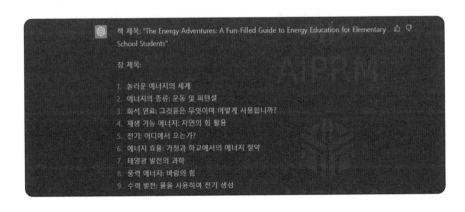

이런 방법으로 몇 번을 돌리면, 같은 주제의 다양한 내용을 결과로 얻을 수 있다. 여러 결과를 살펴보고 필요한 것만 선택하면 된다.

반복 질문으로 많은 대화가 나왔을 때, 선택하고 정리하는 것도 귀찮을 수 있다. 이럴 때도 ChatGPT에 작업을 시킬 수 있다. "지금까지 내용을 학습한 뒤, 간단하게 다시 정리해줘."라는 대화를 보내면, 대화 창에 쌓인 모든 결과를 분석해서 하나의 내용으로 정리해서 보여 준다.

이 템플릿은 책 제목, 목차, 개요 정도를 잡을 때, 아주 편리하다. 아이디어가 떠오르지 않을 때, 사용하면 똑똑한 조수가 있는 것 같은 기분이 들 정도다.

다시 본론으로 돌아와, 템플릿에 대한 평가를 해보겠다. 이 템플릿은 책 제목, 목차, 개요 정도만 보여 줄 뿐, 각 장의 세부 내용은 알려주지 않는다. 물론, 각 장의 세부 내용도 다른 템플릿을 이용해서 또 생성시킬 수 있다. 직접 하기 싫으면 ChatGPT를 부려 먹으면 된다. 물론, 100% 마음에 들지는 않겠지만, 때때로 놀랄 만큼 뛰어난 아이디어를 제시할 때도 있다. 하지만 머지않은 미래에는 인공지능이 사람보다 더 뛰어난 결과물을 만들어낼지 모른다. AI의 발전 속도는 놀랍도록 빠르기 때문이다. 사실, 너무 빨라 정신을 차릴 수 없다.

●●● Amazing Midjourney images with 4 different styles

이 템플릿은 인공지능으로 그림을 그려주는 미드저니(MidJourney)를 위한 프롬프트이다. 그림 그릴 내용이나 주제를 프롬프트에 적으면, 글로 상황을 묘사해준다(미드저니는 4장에서 자세히 설명해놓았다).

프롬프트 2: /상상 프롬프트: 오후 4시, 한국 놀이터 장면
오일 페인팅
따뜻한 오후의 그림같은 한국 놀이터, 유화풍으로 그려져 있습니다. 배경은 녹색과 파란색의 부드러운 색조로 칠해진 산맥이며 밝은 빨간색과 노란색의 놀이터 장비와 대조를 이룹니다. 놀이터에서 뛰어놀고 있는 아이들의 모습이 유쾌한 표정으로 그려져 있습니다. 이 그림은 한국 화가 이인성과 프랑스 화가 클로드 모네의 작품에서 영감을 얻었다. 이미지는 모든 붓놀림에 포착된 풍경과 사람들의 세부 사항으로 복잡하고 화려합니다. --스타일화 1000

프롬프트 3: /상상 프롬프트: 오후 4시, 한국 놀이터 장면
디지털 일러스트레이션
오후 4시, 기발하고 장난기 가득한 한국의 놀이터 현장. 놀이기구는 과장된 모양과 색상으로 만화적이고 기발한 방식으로 디자인되었습니다. 배경은 따뜻한 색상의 그라데이션으로 주황색에서 분홍색으로 전환되어 늦은 오후의 느낌을 불러일으킵니다. 이 장면은 한국 일러스트레이터 김정기와 일본 애니메이터 미야자키 하야오의 작품에서 영감을 얻었다. 이미지는 복잡하고 화려하며 많은 작은 디테일과 텍스처로 생명을 불어넣습니다. --스타일화 1000

이 템플릿을 선택하고 프롬프트에 '오후 4시, 대한민국 놀이터 풍경'이라고 적
어넣었다. 무엇을 어떻게 그려야 하는지 상황을 자세히 묘사해서 보여 준다. 이
템플릿을 사용하면 그림을 그릴 때 아이디어를 얻을 수 있어 아주 편리하다.

●●● YouTube Script Creator

이 템플릿은 유튜브 영상을 만들 때 요긴하게 쓸 수 있다. 이 템플릿을 선택하고, 프롬프트에 영상 제목을 적어넣으면 제목, 소개, 본론, 결론까지의 내용을 알려준다. 프롬프트 창에 "건강하게 오래 사는 방법 10가지를 알려드립니다."를 넣어보았다. 건강을 지킬 수 있는 10가지 내용이 하나하나씩 나왔다. 이 내용을 바탕으로 유튜브 영상이나 쇼츠(짧은 동영상)를 편하게 만들 수 있다(4장에 AI를 사용하여 영상 만드는 법을 설명해 놓았다).

내레이터: 건강하고 만족스러운 삶을 살기 위한 유용한 팁을 제공하는 채널에 오신 것을 환영합니다. 오늘은 장수와 전반적인 건강을 증진시킬 수 있는 10가지 간단한 습관에 대해 이야기하겠습니다.

[건강한 식사를 하는 사람의 장면으로 전환]

해설자: 첫째, 균형 잡힌 영양가 있는 식사를 하십시오. 과일, 채소, 통곡물, 저지방 단백질, 건강한 지방이 풍부한 식단을 섭취하면 건강한 세중을 유지하고 만성 질환의 위험을 줄이는 데 도움이 될 수 있습니다.

[물을 마시는 사람의 장면으로 전환]

내레이터: 두 번째, 수분을 유지하세요. 물을 충분히 마시면 몸의 독소를 제거하고 피부를 건강하게 유지하며 소화를 도울 수 있습니다.

[잠자는 사람의 장면으로 전환]

내레이터: 세 번째, 충분한 수면을 취하세요. 매일 밤 최소 7~8시간의 수면을 취하면 기분, 기억력 및 전반적인 건강을 개선하는 데 도움이 될 수 있습니다.

●●● Smart and Detailed Article Write(H tags)

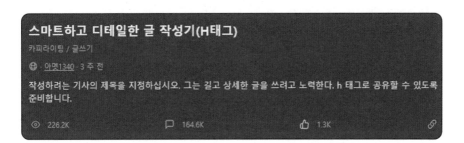

이 템플릿은 '똑똑하게 꼼꼼한 기사를 작성할 수 있다'라고 홍보한다. 무난한 글쓰기에 유용한 템플릿이다. 이 템플릿을 선택하고 프롬프트에 기사 제목(주제)을 입력하면 좋은 기사를 얻을 수 있다. 그런데 여기에서도 함정이 있다. 기사를 써주는 템플릿이지만, 제대로 입력해야 좋은 결과를 얻을 수 있기 때문이다. 예를 들어 '허브 키우기에 대한 기사'를 써야 할 때, 프롬프트에 어떻게 입력해야 할까?

'허브 키우기'라고 쓰면 제대로 된 기사가 나오지 않는다. 단순히 허브 키우는 방법에 대해 알려준다. 앞에서 학습한 것처럼 완성된 문장을 구체적으로 입력하는 것이 가장 중요하다. 제대로 된 결과를 얻기 위해 '허브 키우기에 대한 기사를 짧게 써줘.'라고 입력해보았다.

허브 재배는 요리에 사용할 신선한 유기농 허브를 제공할 수 있는 만족스러운 취미입니다. 당신이 노련한 정원사이든 이제 막 시작하든, 자신의 허브를 재배하는 것은 정원 가꾸기의 이점을 즐기고 식사에 풍미를 더할 수 있는 좋은 방법입니다.

[귀사의 회사 이름]에서 우리는 친환경 및 재배에 대한 모든 것에 대한 열정을 가지고 있으며 귀하가 직접 허브 재배를 시작할 수 있도록 도와드리겠습니다. 이 기사에서는 올바른 허브 선택에서 심기 및 관리에 이르기까지 허브 재배에 대해 알아야 할 모든 것을 다룰 것입니다.

허브 선택하기
허브 재배의 첫 번째 단계는 키울 허브를 선택하는 것입니다. 선택할 수있는 다양한 허브가 있으며 각각 고유 한 풍미와 성장 요구 사항이 있습니다. 초보자에게 인기 있는 허브는 다음

이것 외에도 재미있고 유용한 템플릿이 상당히 많다. 홈페이지 도메인 이름 만들기, 그래프 그리기, 프로그램 소스 코드 제작 등 정말 다양하다. 각자 업무에 맞는 템플릿을 많이 찾을수록 작업의 능률성은 훨씬 더 향상될 것이다.

이런 템플릿을 쓰다 보면, 한글과 영어가 혼동될 때가 많다. 게다가 기본으로 제공하는 템플릿도 너무 많다. 그래서 메모가 필요하다.

AIPRM에서 제공하는 템플릿 중 자주 사용하는 것만 모아 따로 메모해 두면 아주 편리하다. 이렇게 적어 놓으면, Search 창에서 몇 글자만 입력해도 AIPRM 템플릿을 빨리 찾을 수 있다. '나만의 AIPRM 템플릿' 양식을 참고해서 잘 사용하기 바란다.

영문	한글	특징
Write Best Smart Article Best to rank no 1 on Google Copywriting / Writing Faisal Arain · 2 weeks ago Write Best Smart Article Best to rank no 1 on Google by just writing Title for required Post. If you like the results then please hit like button.	**Best Smart Article Best를 작성하여 Google에서 1위를 차지하세요.** 카피라이팅 / 글쓰기 파이살 어레인 · 2주 전 Best Smart Article Best를 작성하여 필수 게시물의 제목만 작성하여 Google에서 1위를 차지하세요. 과거 마음에 드셨다면 좋아요 버튼을 눌러주세요.	블로그 기사 쓸 때 편리함
Amazing Midjourney images with 4 different styles Generative AI / Midjourney Srej · 1 week ago 4 different amazing Midjourney prompts using different artists and styles. after prompt generation, you can always ask for more artists...	**4가지 스타일의 놀라운 Midjourney 이미지** 생성 AI / 중간 여정 에레즈 · 1주 전 다양한 아티스트와 스타일을 사용하는 4가지 놀라운 Midjourney 프롬프트 프롬프트 생성 후 언제든지 더 많은 아티스트 또는 더 많은 설명을 요청할...	Midjourney에서 그림 그릴 때 편리함
Write a Complete Book in One Click Copywriting / Writing Md Mehbabul Alam · 2 weeks ago Write a full book with different chapters	**한 번의 클릭으로 완전한 책 쓰기** 카피라이팅 / 글쓰기 Md 허바불 알람 · 2주 전 다른 장으로 전체 책 쓰기	책 제목, 목차 구성에 편리함
YouTube Script Creator Copywriting / Script Writing WilliamCole · 2 weeks ago Create captivating script ideas for your YouTube videos. Enter a short description of your video. Generates: Title, Scene, and Entire Script.	**YouTube 스크립트 작성자** 카피라이팅 / 스크립트 작성 윌리엄콜 · 1주 전 YouTube 동영상에 대한 매력적인 스크립트 아이디어를 만드십시오. 비디오에 대한 간단한 설명을 입력하십시오. 생성: 제목, 장면 및 전체 스크립트.	영상 만들 때 편리함

●●●● 나만의 AIPRM 템플릿 양식

영문	한글	특징

영문	한글	특징

ChatGPT와 찰떡궁합 프로그램 3가지

이제부터 설명하는 크롬 확장 프로그램은 반드시 설치할 필요는 없다. 하지만 설치해서 사용하면 조금 더 편리하고 유용하다는 것을 알 수 있을 것이다. 각 프로그램의 내용을 하나하나 살펴보고, 필요에 따라 설치하기를 바란다.

●●● ChatGPT for Google

'ChatGPT for Google'이라는 의미처럼 오로지 구글을 위한 프로그램이다. 이 프로그램을 설치하고 나면 구글 검색 화면 상단 오른쪽에 ChatGPT 창이 생긴다. 이곳에 검색 결과가 정리되어 나타난다. 이 프로그램은 크롬스토어에 있다.

ChatGPT for Google

⊘ chatgpt4google.com

ChatGPT의 응답과 검색 엔진 결과를 함께 표시합니다

★★★★★ 1,455 생산성

구글 검색 창에서 '김치찌개 끓이는 법'을 검색해보았다.

이 프로그램의 원리는 구글 검색과 동시에 ChatGPT가 구글 검색 결과를 먼저 살펴본다. 그리고서 오른쪽 창에 검색 결과를 정리해 보여 준다. 이 프로그램을 설치하면, 지루한 검색 작업을 조금 더 편리하게 이용할 수 있다. 개인적으로 상당히 유용하게 쓰고 있는 프로그램이다.

●●●● 슈퍼파워 채팅GPT

ChatGPT로 작업을 하다 보면 결과를 마우스로 선택해서 복사와 붙이기 작업을 수 없이 반복한다. 이런 작업도 자주 하다 보면 아주 귀찮게 느껴질 때가 있다. 이럴 때 필 요한 프로그램이다.

슈퍼파워 채팅GPT

fancydino.com

프롬프트 라이브러리, 채팅 내보내기, 안전 모드 제어, 기록, 전체 채팅 복사를 포함하여 ChatG

★★★★☆ 88 생산성

이 프로그램을 설치하고 나면, ChatGPT 대화 창 왼쪽에 'copy'라는 녹색 버튼 이 생긴다. 이 버튼을 클릭하면 해당 대화창의 글이 복사된다. 이 프로그램도 예상외로 자주 사용한다.

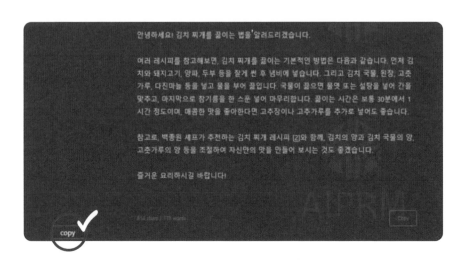

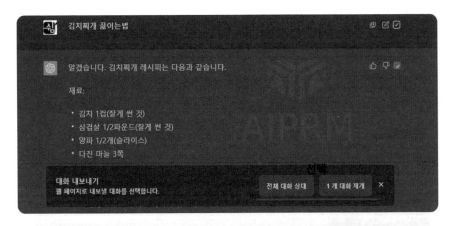

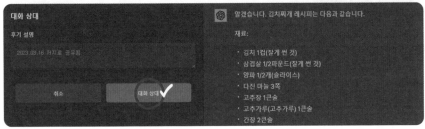

또 한 가지 방법은 ChatGPT에서 대화한 내용을 웹 페이지로 내보내기로 선택하면 복사해서 사용하지 않아도 된다.

●●● ChatGPT를 사용한 Youtube 요약

유튜브로 정보를 찾거나, 학습할 때 유용한 확장 프로그램이다. 이 프로그램을 설치하고 나면 ChatGPT가 먼저 유튜브 영상을 보고 난 다음, 상단 오른쪽 창에 내용을 알려준다.

ChatGPT를 사용한 Google/YouTube 요약

Chat GPT Open AI를 사용하여 Google 검색 결과 및 YouTube 동영상 요약을 가져옵니다.

★★★★★ 2 생산성

사용 방법은 간단하다. 프로그램을 설치한 뒤, 유튜브 창을 연다. 시청할 영상을 선택하면, ChatGPT가 동영상에 관한 내용을 요약해 준다.

04

ChatGPT의 무한 확장
ChatGPT의 변신은 무죄!

• • • ●

영상전문가로 변신한 AI
ChatGPT와 Vrew로 동영상 제작하기

영상을 보고 즐기는 시대가 되었다. 많은 사람이 영상을 만들어 간단한 제품 소개부터 학습콘텐츠, 영상콘텐츠 등 다양하게 활용한다. 사실, 긴 영상도 필요 없다. 틱톡(Tiktok)만 해도 서비스를 시작한 지 1년 만에 1억 명을 모을 정도로 매우 인기 있다. 틱톡의 성공 비결은 15~60초 정도밖에 안 되는 짧은 영상이다. 길이가 짧은 탓에 이용자는 단순하고 흥미 위주인 콘텐츠를 주로 올린다. 바로 이것이 틱톡의 성공 요인이었다. 전 세계 10대 이용자가 열광하며 틱톡을 세계적인 흥행 반열에 올렸다.

틱톡의 영향으로 인스타그램은 30초 길이의 짧은 동영상을 올릴 수 있는 '릴스(Reels)' 서비스를 시작했고, 유튜브는 5초짜리 영상 '쇼츠(Shorts)'를 선보였다. 5초짜리 영상을 올려 돈을 벌고, 세상과 소통하는 시대가 되었다. 사진과 달리 영상 제작은 누구에게나 쉬운 일은 아니다. 하지만 우리에게는 인공지능 조력자가 있다. ChatGPT와 Vrew를 사용하면 누구나 영상전문가가 될 수 있다.

●●● Vrew란?

Vrew는 인공지능을 활용한 영상 편집 프로그램이다. 기존의 영상편집기와는 다르게 마치 문서를 편집하듯 누구나 손쉽게 영상을 만들 수 있다. 디지털 시대에 동영상 콘텐츠 제작은 이제 필수가 되었지만, 만들기가 어렵고 촬영, 편집 및 후반 작업과 같은 작업을 처리하기 위해 전문가팀이 필요한 경우가 많다. 하지만 Vrew만 있으면 영상을 만들고 손쉽게 편집할 수 있다. Vrew는 어떤 기능을 갖고 있을까?

❶ 음성인식

음성을 인식하고 음성이 없는 구간을 줄이거나 늘릴 수 있다.

❷ 자막 생성

인공지능과 기계 학습을 사용하여 동영상에 대한 정확한 자막을 생성한다. MP4, MOV, AVI 등 다양한 동영상 포맷을 지원하며 다국어 자막 생성이 가능하다.

❸ 자막 편집

자막 크기 및 위치 조정을 포함하여 필요에 따라 자막을 편집하고 지정할 수 있다.

❹ 다양한 편집 도구

비디오 편집기, 스크린 레코더 등 다양한 비디오 제작 도구를 제공한다. 비디오 편집기를 사용하면 비디오를 자르고 텍스트, 효과음, 움직이는 캐릭터, 그래픽을 추가해 적절한 필터와 효과를 적용할 수 있다.

❺ 오디오 녹음

스크린 레코더 기능을 사용하면 사용자가 화면을 캡처하고 오디오를 녹음할 수 있으므로 소프트웨어 자습서 및 데모를 만드는 데 이상적이다.

❻ 협업 기능

협업 기능을 통해 동영상 프로젝트에서 함께 작업하고 피드백과 의견을 공유할 수 있다.

Vrew 사용자는 시간과 노력을 절약할 수 있으므로 동영상 제작의 창의적인 측면에 집중할 수 있다. 사용자 중심의 인터페이스와 강력한 기능을 갖춘 Vrew는 고품질 비디오 콘텐츠를 빠르고 효율적으로 만들고자 하는 기업, 교육자와 개인을 위한 훌륭한 도구이다.

● ● ● Vrew 설치 방법

Vrew의 사용법은 컴퓨터를 잘 알지 못하는 사람도 쉽게 사용할 만큼 매우 간단하다. 프로그램의 설치부터 영상 제작, 영상 저장까지 자세히 살펴보자.

① 구글이나 네이버에 접속한다. 검색창에 'Vrew(voyagerx.com)'를 입력하고 클릭한 후, 무료 다운로드를 눌러 컴퓨터에 설치한다.

② 프로그램 설치 후 회원가입을 하면, 인증 확인 메일을 받아야 한다.

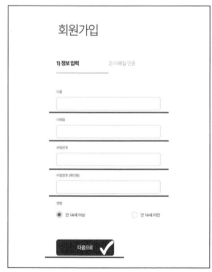

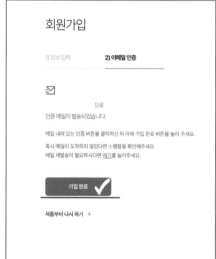

③ 메일을 인증하고 로그인하면 이제 영상 편집을 할 수 있는 홈 화면이 나온다.

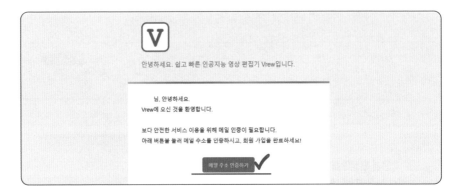

④ 왼쪽 상단의 새로 만들기 버튼을 누르면 만들 수 있는 창이 뜬다.

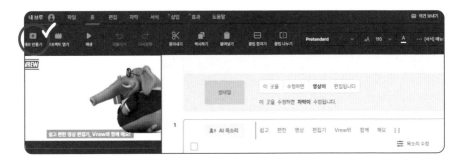

●●●● Vrew 직접 써보기

이제부터 Vrew를 사용해보자.

시작하는 방법은 여러가지가 있지만, 순서대로 따라하면 금방 익숙해질 것이다.

① 'AI 목소리로 시작하기'를 클릭한다

② 이제 ChatGPT를 이용해 영상 대본을 만들어야 한다. 대본 내용은 '탄소중립 실천법'으로 정했다. ChatGPT를 이용해 대본을 먼저 만든다. ChatGPT가 써준 대본은 메모장을 열어 자연스럽게 수정한다.

> 탄소중립을 위해 집에서 실천할 수 있는 방법을 영상으로 만들려고 해. 3분 스크립트 작성해줘

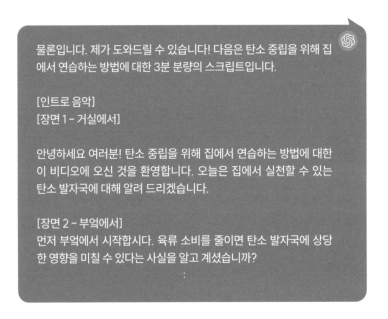

물론입니다. 제가 도와드릴 수 있습니다! 다음은 탄소 중립을 위해 집에서 연습하는 방법에 대한 3분 분량의 스크립트입니다.

[인트로 음악]
[장면 1 – 거실에서]

안녕하세요 여러분! 탄소 중립을 위해 집에서 연습하는 방법에 대한 이 비디오에 오신 것을 환영합니다. 오늘은 집에서 실천할 수 있는 탄소 발자국에 대해 알려 드리겠습니다.

[장면 2 – 부엌에서]
먼저 부엌에서 시작합시다. 육류 소비를 줄이면 탄소 발자국에 상당한 영향을 미칠 수 있다는 사실을 알고 계셨습니까?
:

③ AI 목소리로 시작하기로 돌아와 ChatGPT가 써준 대본을 붙여 넣는다. 확인을 누르면 단락에 맞춰 대본이 나뉘고 자막이 나타난다.

④ AI 목소리를 대본의 내용에 맞게 설정하려면 AI 목소리 설정으로 들어가 언어, 성별,
   연령대에 맞춰 미리 듣기 후 바꾸면 된다.

⑤ Vrew와 ChatGPT를 이용해 영상을 만든다.

⑥ 완성된 영상은 원하는 해상도를 선택해 내보내기 버튼을 누르면 저장이 된다.

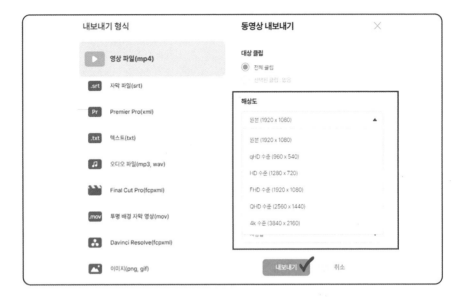

Vrew에서 적용 가능한 이미지, 영상, 음악은 저작권에 저촉되지 않는 무료이기 때문에 마음껏 쓸 수 있다. 동영상이나 이미지를 넣으면 왼쪽 보기 창에서 적용된 모습을 미리 볼 수 있다. 이미지를 넣고, 왼쪽 팝업 창 메뉴에서 확대, 등장&퇴장, 강조 등의 효과 등을 선택할 수 있다.

▣ 자주 쓰는 상단 고정 메뉴 살펴보기

① 단락별 적용 범위 막대 길이

편집 박스 오른쪽에 이미지, 동영상, 음악 등의 메뉴 버튼이 생기는데, 이 버튼을 누르면 막대가 표시된다. AI 목소리. 배경 음악, 이미지, 동영상, 텍스트 등은 막대 길이 조절을 통해 적용 범위를 설정할 수 있다.

② 무료 이미지, 비디오 버튼

대본에 내용과 관련된 키워드를 입력하면 그에 맞는 영상이나 이미지를 자동으로 찾아 준다. 적절한 것을 찾아서 넣어주면 된다. 동영상 적용 범위 또한 위와 마찬가지로 오른쪽 막대 길이 조절을 통해 설정한다. 각 단락의 내용에 맞는 영상, 이미지를 찾아 설정해 주면 영상이 지루하지 않고 높은 퀄리티를 유지한다. 영상을 시청할 구독자의 만족도를 높일 수 있으므로 여러 가지 방법으로 설정 변경을 해본다.

③ 배경 음악 버튼

배경 음악을 깔아주면 영상의 품질이 향상된다. 배경 음악은 PC에 저장되어 있는 음원을 불러와 사용해도 되고, 제공되는 무료 음악을 사용해도 된다. 배경 음악의 볼륨을 20 정도로 설정하면 AI 목소리를 방해하지 않고 잘 어울린다.

④ 텍스트 버튼

영상이나 이미지 위에 텍스트로 효과를 주고 싶은 때 사용하면 좋다. 강조하고 싶은 내용이나 추가정보 등을 넣을 때 사용하면 좋다.

⑤ 캐릭터 버튼

캐릭터를 삽입하면 움직이는 캐릭터가 대본을 읽는 효과를 줄 수 있다. 캐릭터 없이 영상을 완성해도 되지만 이왕이면 움직이는 캐릭터를 달아주면 시선 끌기가 좋을 것이다. 클릭하여 원하는 캐릭터와 필요한 입 모양, 손짓 등을 설정해주면 간단히 영상에 삽입된다. 캐릭터의 크기, 위치 또한 자유롭게 설정할 수 있다.

●●● Youtube 쇼츠 홍보영상 만들기

Vrew는 자막이 필요한 영상 제작에서 진가를 발휘한다. 유튜브 쇼츠 영상 제작은 물론 가게나 물건을 홍보하는 영상 제작도 쉽게 할 수 있다. 새로운 제품이나 신메뉴 출시를 영상으로 제작해 홍보하면 홍보 효과를 높일 수 있다. '옷 가게 오픈'을 알리는 쇼츠 영상을 만들어 보자.

① ChatGPT에서 옷 가게 정보를 입력하고, 홍보영상에 들어갈 대본을 만든다. ChatGPT에 정확하고 구체적인 정보를 알려주면 홍보글이 더 자세하게 나온다.

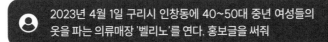

> 2023년 4월 1일 구리시 인창동에 40~50대 중년 여성들의 옷을 파는 의류매장 '벨리노'를 연다. 홍보글을 써줘

프로모션 메시지:

구리시의 새로운 쇼핑 공간, 벨리노에 오신 것을 환영합니다! 저희 의류 매장은 40~50대 중년 여성을 위한 패셔너블하고 편안한 옷을 전문적으로 제공합니다. 우리는 나이는 숫자에 불과하다고 믿으며 스타일리시하고 저렴한 옷은 당신이 가장 멋지게 보이고 느끼는 데 도움이 될 것입니다.
:

② 상단 고정메뉴의 파일, 화면 비율 버튼을 눌러 쇼츠(9:16)를 선택하고, 삽입 버튼을 눌러 AI 목소리를 선택한다.

③ ChatGPT에서 생성한 자막을 붙여넣은 후 엔터를 치면 자막으로 나뉜다. 상단 고정 메뉴의 기능을 골라 적용하면 원하는 자막과 영상을 만들 수 있다.

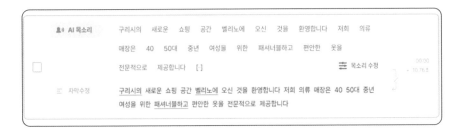

④ 준비된 영상 파일이 있는 경우, 새로만들기 화면의 템플릿으로 쇼츠 만들기 단추를 눌러 영상을 업로드하고 생성되는 자막을 수정하면 된다.

●●● 우리 아이 성장 영상 만들기

① 새로 만들기 창에서 스마트폰에서 불러오기를 누르면 스마트 폰에서 불러올 수 있는
QR코드가 생성된다.

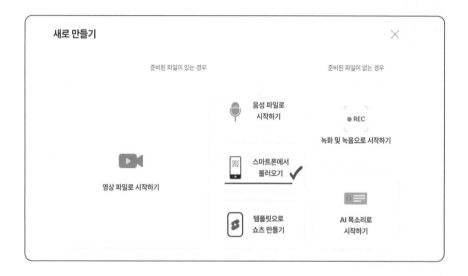

② QR 코드를 인식하면 Vrew 화면에 불러오기 할 수 있다.

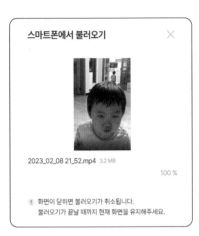

스마트폰에서 불러오기   ✕

2023_02_08 21_52.mp4 3.2 MB

100 %

ⓘ 화면이 닫히면 불러오기가 취소됩니다.
   불러오기가 끝날 때까지 현재 화면을 유지해주세요.

③ 확인을 누르면 영상이 자동으로 나뉜다. 발음이 정확하지 않을 때, 틀린 글자가 나올
수 있다. 자동으로 생성된 자막을 읽어보면서 잘못된 문장을 수정한다.

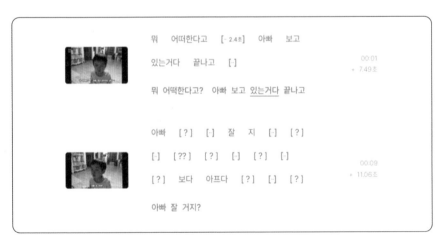

④ 상단 고정메뉴 삽입 창에서 자막, 효과음, 캐릭터 등을 넣어 동영상을 완성한다. 완성된 영상 왼쪽 상단의 Vrew 마크는 오른쪽 마우스를 눌러 삭제할 수 있다.

여기서 다루지 않은 음성 파일로 시작하기, 녹화 및 녹음으로 시작하기, 영상 파일로 시작하기 등도 만드는 방법은 비슷하다. 이제 여러분도 영상 만들기에 도전해보기 바란다.

AI 기반 영상 제작 프로그램

동영상 제작·편집을 위한 프로그램은 Vrew 외에도 많은 곳에서 서비스를 제공하고 있다. 각각의 기능과 편리성을 고려하여 사용하면 된다.

▣ **곰믹스** https://www.gomlab.com/gommix-video-editing/

곰플레이어를 만든 회사에서 만든 프로그램으로 무료 곰믹스와 유료 곰믹스가 따로 있다.

▣ **뱁믹스2** https://www.vapshion.com/vapshion3/main.php

단순한 구독으로 사용할 수 있으며 무료로 디자인된 자막을 삽입할 수 있다.

▣ **파워디렉터15** https://download.beer/app/power-director-15/

다양한 자막 효과와 배경 효과, 이펙트가 있다. 곰믹스와 달리 여러 트랙을 추가할 수 있으며 이미지 및 자막을 추가할 수 있다.

▣ **다빈치 리졸브** https://www.blackmagicdesign.com/kr/products/davinciresolve

유료 편집 프로그램만큼 다양한 기능을 이용할 수 있으며 다빈치 리졸브는 색 편집을 사용하기에 편리하다. 잘라내기, 캡션, 음악 삽입을 쉽게 할 수 있다.

화가라는 말에 조금 놀랐겠지만 ChatGPT와 미드저니(Midjourney)를 사용하면 진짜 화가처럼 그림을 그릴 수 있다. 절대 과장이 아니다. 이 책에서 설명하는 것만 따라 해도 멋진 그림을 그릴 수 있다. 믿지 못하겠다면, 검증해보면 된다. 미드저니(Midjourney)로 그림을 그린 뒤, 다른 사람에게 보여 주며 "이 그림 살까 하는데, 30만 원이면 비싼가?"라고 물어보면 예상외로 긍정적 반응이 많을 것이다.

AI를 활용하여 그림을 그릴 수 있는 도구는 상당히 많다. 이런 프로그램 중에서 가장 대중적인 미드저니에 대해 살펴보자.

●●● Midjourney란?

미드저니는 텍스트를 입력하거나 이미지 파일을 삽입하고 사용자가 원하는 사항을 입력해주면 내용에 맞춰 자동으로 그림을 그려주는 프로그램이다. 미드저니는 인공지능 소프트웨어로 생각의 새로운 영역을 탐구하고 인간의 상상력을 확장하는 것을 목표로 하고 있다. 배우기 쉽고, 매력적인 그림을 그릴 수 있는 미드저드는 몇 번만 써보면 그 매력에 푹 빠져 들것이다.

미드저니는 웹사이트에서 그림을 생성하는 것이 아닌 *디스코드 서버에서 그림 생성이 진행된다. 무료로 25번까지 이미지를 생성할 수 있으며, 그 이상은 유료 구독을 해야 한다. 다른 그림 인공지능과 달리 월정액만 내면 횟수 제한 없이 그림을 생성할 수 있다는 것이 가장 큰 장점이다.

정보를 잘못 입력하면 오류가 나서 회원가입을 거절당할 수 있으니 가입 방법을 정확히 읽고, 순서대로 따라 하면 Midjourney 가입에 성공할 수 있다.

---

* 디스코드 서버는 디스코드 플랫폼에서 사용자들이 음성 및 텍스트 채팅을 할 수 있는 가상의 공간이다. 사용자는 디스코드 서버에 가입하여 다른 사용자와 대화하고, 채팅방을 만들어 원하는 주제에 관해 이야기할 수 있다.

디스코드 서버를 만들기 위해서는 디스코드 계정이 필요하며, 계정이 있으면 '서버 만들기' 버튼을 클릭하여 서버를 생성할 수 있다. 서버를 생성한 후에는 서버 설정을 변경하고, 채널을 만들고, 사용자를 초대할 수 있다. 또한, 사용자 간의 관계를 설정하기 위해 역할(Role)을 만들어 권한을 설정할 수 있다. 디스코드 서버는 다양한 목적으로 사용할 수 있으며, 게임, 학교, 비즈니스, 사회단체, 커뮤니티 등 다양한 분야에서 사용한다.

●●● Midjourney 회원 가입 방법

① 구글이나 네이버 검색 창에서 '미드저니(www.midjourney.com)'를 검색해 메인화면
으로 이동한다. 오른쪽 하단에 가입버튼을 클릭하면 계정 만들기 창이 뜬다.

② 계정 만들기 창이 뜨면 이메일, 사용자 이름, 비밀번호, 생년월일 등을 입력한 후 계
속하기를 클릭한다.

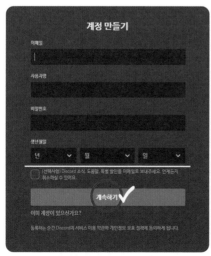

③ 사람인지 AI 봇인지를 가리기 위해 다음과 같은 창이 뜬다. '사람입니다'에 체크하면, 선택형 문제가 나온다. 어려운 문제는 아니니 눈을 크게 뜨고 정답을 찾으면 된다.

④ 새로운 창이 열리면 아래쪽 승인 버튼을 클릭한다. 승인 버튼을 클릭하면 다음 창으로 이동하면서 에러가 났다는 메시지가 뜰 것이다. 그렇다고 낙담하지 말라.

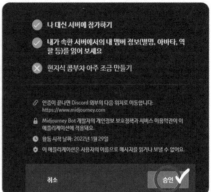

⑤ 회원가입 시 입력했던 이메일로 발송된 인증 메일을 확인해 이메일 인증을 하면 된다. 미드저니는 Discord 프로그램이 있어야 열린다. Discord로 계속하기를 누르면 프로그램을 설치할 수 있는 페이지로 이동한다.

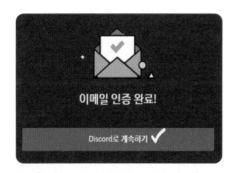

⑥ 미드저니에 거의 도착했다. 다운로드를 받아 Discord를 설치할때 사람인지 묻는 인증을 한번 더 해야한다. 모든 절차가 끝나면 미드저니를 사용할 수 있는 화면으로 바뀐다.

⑦ 왼쪽 메뉴 창에서 나침판 모양의 '공개 서버' 살펴보기 버튼을 클릭 후 추천 커뮤니티에 있는 미드저니 창을 클릭한다. 미드저니의 환영인사와 함께 공개 서버 창이 열린다.

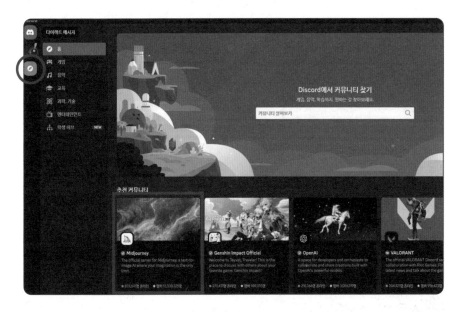

드디어 미드저니에 도착했다. 여기까지 왔으면, 이미 당신은 피카소를 능가할 AI 화가가 될 준비가 끝났다. 이제부터는 미드저니에서 어떻게 해야 이미지를 추출할 수 있는지 알아보겠다. 반복해서 연습하면 어느새 능숙하게 프로그램을 다룰 수 있을 것이다. 그러기 위해서 미드저니 페이지 구성을 먼저 살펴보는 것이 도움이 될 것이다.

●●● Midjourney 메뉴 구성과 사용법

① 미드저니 페이지 왼쪽 메뉴 중 #newbies-숫자 (해시 태그 뉴비스 넘버) 채널 중 아무 곳 이나 한곳을 골라 클릭해 들어가면 다른 사용자들이 만든 이미지가 공개되어 있다.

② 미드저니의 명령어 시작은 '/(슬러시)'이다. 아래쪽 입력창에 '/imagine'를 입력하고 엔터를 치면 'prompt'창이 나타난다. 프롬프트 창에 원하는 그림의 형태와 단어를 조합 하여 입력한다.

③ 생성된 이미지는 다른 버전의 이미지로 변경할 수 있다. 생성된 이미지 아래에 U1 ~U4

와 V1~V4라고 된 버튼과 새로 고침 버튼이 나타나는데 숫자는 사진의 격자 형태로 왼쪽부터 번호를 부여한 것이고, U는 업스케일링(Upscale)이라 하며, 선택한 이미지를 더 높은 해상도로 만들어 준다. V는 베리에이션(Variation)으로 선택한 이미지를 다른 컨셉으로 변형해준다.

●●● Midjourney로 그림 그리기

미드저니 프롬프트 창에 입력할 수 있는 단어는 무궁무진하다. 이곳에선 원하는 이미지의 종류, 크기, 생김새, 색깔 또는 그림의 화풍, 질감 등 모든 것을 요구할 수 있다. 좋아하는 화가의 그림 풍, 색조, 구도 등을 입력하면 조건에 맞게 이미지를 만들어 준다. 예시로 프롬프트 창에 해바라기와 꿀벌(sunflower, bee)을 그려달라고 입력했다.

아래와 같은 창이 나타나는데 'Accept ToS' 버튼을 클릭해 동의하면 그림을 그리기 시작한다. 동의 버튼은 처음 시작할 때 한 번만 누르면 된다.

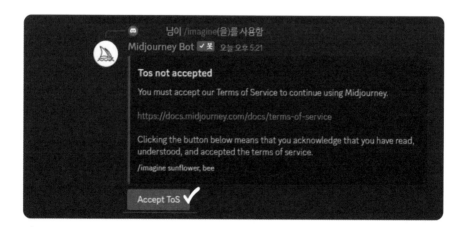

20~30초 후에 4장의 그림이 서서히 그려지기 시작했다. 진행되는 상황을 %로 표시해준다. 실시간으로 게시물이 쏟아지기 때문에 생성 중인 게시물이 위로 올라갈 수 있으니 잘 찾아야 한다. 원하는 그림이 나왔다면 오른쪽 마우스를 눌러 이미지를 복사한 후 저장한다.

미드저니에 가입하면 무료 구독을 통해 25장의 AI 이미지를 만들 수 있다. 그 이후에는 유료 구독으로 전환해야 횟수 제한 없이 이용할 수 있다. 도움이 된다면 유료구독을 해도 좋다. 미드저니의 무료 채널은 자신뿐 아니라 다른 사용자가 생성한 이미지가 모두 공개가 된다. 공개를 원하지 않으면 반드시 유료 구독을 해야 한다. 유료 구독 서비스 장점 중 하나는 채널에 공개된 다른 사람의 이미지는 어떤 프롬프트(그림에 대한 자세한 정보)를 사용했는지 알 수 있다.

공개된 프롬프트는 초보자에게 좋은 참고 자료가 된다. 마음에 드는 이미지의 프롬프트를 복사해 붙인 후 조금씩 변형해 자신만의 스타일로 만들어 가면서 미드저니의 원리와 사용법을 조금 더 쉽게 익힐 수 있을 것이다.

프롬프트는 다른 작업에도 유용하게 사용할 수 있으니 마음에 드는 프롬프트는 따로 정리해서 모아두면 작업 효율을 높일 수 있다.

앞서 다룬 ChatGPT 확장프로그램 사용법에서 미드저니 프롬프트를 손쉽게 사용하는 방법을 안내하였으니 참조하길 바란다.

●●● Midjourney로 그림책 만들기

그림책은 단어와 이미지의 힘을 결합하여 모든 연령대의 독자에게 기억에 남고 매력적인 경험을 선사하는 스토리텔링 기법이다. 하지만 글을 쓰는 것은 쉽지 않고 설령 글을 썼다고 해도 글에 맞는 그림을 그리는 것 또한 쉽지 않다.

ChatGPT와 미드저니를 사용하여 그림책을 만들어 보는 것은 어떨까?

이번엔 앞 장에서 살펴본 것을 응용해, ChatGPT를 이용해 글을 쓰고 미드저니를 사용하여 글에 맞는 그림을 그려보도록 하자. 미드저니에서 그림을 그리려면 프롬프트를 입력해야 한다.

그림에 맞는 프롬프트는 어떻게 찾아야 할까?

예시로 필자는 고양이와 강아지의 우정을 담은 그림책을 만들어 보기로 했다. AIPRM 템플릿 중 '한 번의 클릭으로 완전한 책 쓰기'라는 템플릿을 이용해 글을 쓰기로 했다.

① ChatGPT에서 이야기 쓰기

ChatGPT를 이용해 그림책에 들어갈 이야기를 먼저 만들었다. 그림책의 내용
은 14페이지로 구성하고 그에 맞는 내용과 그림을 만들 예정이다. 템플릿에
들어가 쓰려는 글의 내용과 몇 가지 요구(인물, 배경 등)를 넣어보았다.

ChatGPT에 "14장으로 구성된 그림책을 만들고 싶어. 내용은 고양이와 강아
지의 우정으로 쓰고 싶어. 내용을 구성해줘."라고 요청하자 14장으로 나눠서
내용을 구성해 주었다.

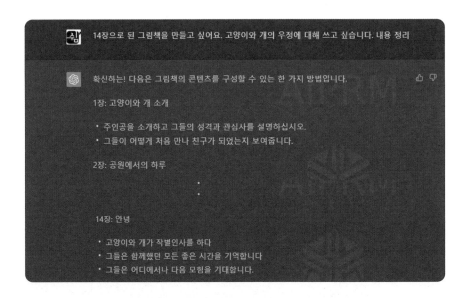

각 장에 들어갈 내용도 한 번에 정리해 주었다. ChatGPT에서 제시해준 내용
을 텍스트로 내보내기 후 그림책에 들어갈 내용에 맞게 고쳐 주었다.

ChatGPT에서 생성된 내용은 책을 읽을 독자의 눈높이에 맞춰 어투나, 문장

을 바꿔줄 필요가 있다. ChatGPT가 아이디어를 제공해 주지만 글이 잘 읽히고 흥미롭게 만드는 것은 아직 작가의 몫이기 때문이다.

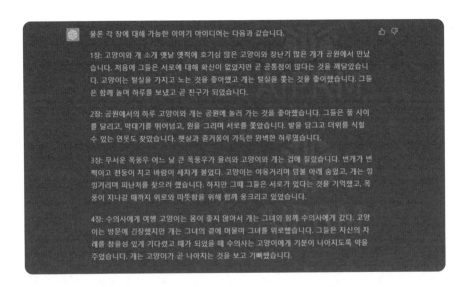

② 미드저니에 입력할 프롬프트 찾아내기

그림책을 만들기 위한 이야기가 만들어졌다면 그에 맞는 그림을 그려야 한다. 미드저니에서 원하는 그림을 그리기 위해서는 정확한 프롬프트를 입력해 줘야 한다. 프롬프트 역시 ChatGPT의 AIPRM 템플릿을 이용해 만들 수 있다.

먼저 AIPRM 템플릿 중 프롬프트를 만들어 주는 템플릿을 찾아 클릭한 후 내용을 입력한다. Topic(주제) Copywriting(카피라이팅)에서 Acitivity(활동)을 Writing(글쓰기)로 지정하고 Search(검색)에서 찾으면 빠르게 이동한다. AIPRM 템플릿은 한글 번역기를 끄고 사용해야 안정적으로 사용할 수 있다. 입력창에 ChatGPT에서 만든 그림책 스토리를 붙여넣기하고 프롬프트를 만들어 달라고 요청했다.

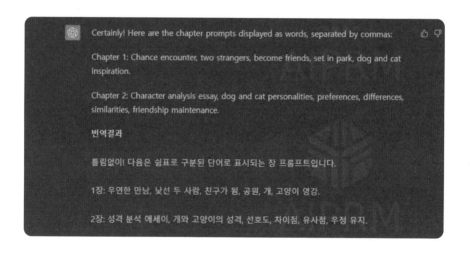

미드저니에 적용할 수 있는 프롬프트가 만들어진 것을 확인할 수 있다.

ChatGPT가 만든 내용을 복사해 미드저니 입력창에 붙여 넣는다. 프롬프트에 입력할 때 피카소 스타일, 3D 스타일, 고흐 스타일 등 자신이 원하는 스타일을 입력하면 그것에 맞는 그림을 만들어 준다.

그림책 스타일을 pixar의 애니메이션 같은 느낌을 주고 싶어 앞쪽에 'pixar style'이라고 적어 놓았다.

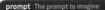

prompt The prompt to imagine

/imagine | prompt | pixar style, Chance encounter, two strangers, become friends, set in park, dog and cat inspiration.

프롬프트에 따라 그림이 만들어지면 업 스케일링(Upscale)하여, 선택한 이미지를 더 높은 해상도로 만들거나, 베리에이션(Variation)으로 이미지를 다른 컨셉으로 바꿀 수 있다.

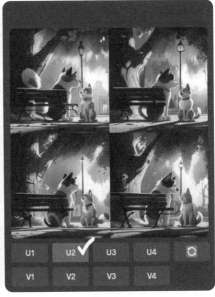

4번째 그림을 선택해서 베리에이션을 하고, 그림의 다른 컨셉을 업 스케일링해서 최종 이미지를 생성했다. 미드저니를 이용해 그린 그림 위에 ChatGPT에서 가져온 스토리를 입히면 멋진 그림책을 만들 수 있다.

Midjourney로 만든 그림책

AI 기반 그림 생성 사이트

미드저니 외에도 AI가 그림을 그릴 수 있는 사이트는 여러 곳이 있다. 프로그램마다 장단점이 있으니 자신에게 맞는 프로그램을 선택하면 된다. 프로그램마다 다른 구성 형태지만 AI가 그림을 그려주는 사이트는 프롬프트를 작성해 넣어주면 그에 맞춰 작업하는 시스템을 따르고 있다.

▣ 로고 및 이미지 넣어주기 DALL·E 2 https://openai.com/dall-e-2

Open AI에서 개발한 인공지능 언어 모델. DALL·E 2는 이전 버전인 DALL·E보다 더 큰 데이터셋과 모델 크기를 가지고 있다.

▣ 플레이그라운드 AI https://playgroundai.com

플레이그라운드 AI는 사용자가 쉽게 접근하고 사용할 수 있다. 따라서 사용자는 별다른 AI 전문 지식 없이도 쉽게 활용할 수 있고 이미지 분류, 객체 탐지, 자연어 처리, 음성 인식 등의 기능을 제공한다.

▣ WEBUI https://dreaminfo.tistory.com

WEBUI는 무료로 이용할 수 있다는 점과 어떤 AI 모델을 적용하는지에 따라 반 실사 / 실사 / 애니 일러스트 풍의 그림 등을 생성할 수 있다는 것이 가장 큰 장점이다.

▣ 아몽라이브 https://www.among.live/ko

한글로 프롬프트를 입력해 그림을 만들 수 있다.

回 **AI 이미지 메이커(루리웹)** https://bbs.ruliweb.com

게시판에 글쓰기를 하면 AI 그림 양식을 불러올 수 있는 메뉴가 있다. 글 작성을 완료하면 애니와 실사가 섞인 느낌의 작품을 완성한다.

回 **노벨 AI (novelai)** https://novelai.net

텍스트로 입력한 특징에 따라 이미지를 그려주고, 사진이나 간단한 스케치를 기반으로 새로운 캐릭터를 창조하여 그려준다.

回 **아카라이브 AI 곤살레스** https://arca.live/b/aiart

아카라이브에 활성화된 AI 그림 생성 기능 프로그램

回 **렌유 AI** https://ai.renyu.cat/

노벨 AI의 영향을 받은 개인 사용자가 만든 사이트이다. 다양한 기능이 있는데 사람이 그린 그림인지 AI로 만든 그림인지 확인할 수 있는 이미지 판별기, 일러스트레이터, 배경 제거, 작곡까지 이용할 수 있다.

回 **AI 페인트** https://ai.webtoons.com/ko/painter

직접 그린 스케치를 업로드하고 색상표에서 색을 선택해 클릭하면 자동으로 자연스럽게 채색해준다.

回 **고갱2 (gaugan2)** http://gaugan.org/gaugan2

고갱2는 엔비디아 회사가 만든 AI 그림 사이트이다. 텍스트 입력뿐만 아니라 그림판처럼 직접 그리면서 결과물을 만든다.

回 **아트브리더 (Artbreeder)** https://www.artbreeder.com

텍스트 또는 직접 배경과 그림 사진을 넣으면 AI가 그려주는 방식으로 초상화, 풍경, 건물, 수채화, SF, 입체 캐릭터 등을 만들 수 있다.

⊡ 크레용(Craiyon) https://www.craiyon.com

구글스토어에서 안드로이드 스마트폰으로 사용할 수 있다.

⊡ 우보 아트 (wombo art) https://www.wombo.art

텍스트 & 이미지를 업로드하고 원하는 스타일의 화풍과 키워드를 입력하면 그림을 그려주는 AI 사이트. PC뿐만 아니라 플레이 스토어와 앱스토어에서 어플로도 사용할 수 있다.

⊡ 오토드로우 (autodraw) https://www.autodraw.com

마우스로 그리면 오토드로우라는 AI가 깔끔한 아이콘 형식의 그림으로 완성해 주는 사이트이다.

⊡ portraitai https://portraitai.app

AI가 업로드된 사진을 초상화로 재탄생시켜준다.

⊡ 부에르 AI (인벤) https://www.inven.co.kr/buer

부에르 AI-인벤은 부에르에게서 출시된 AI 개발 도구이다. 이 도구는 자연어 처리, 이미지 분석, 음성 인식 등 다양한 분야에서 활용할 수 있다.

학습콘텐츠 개발자로 변신한 AI

이번에는 학습콘텐츠 개발자를 위한 활용 방법이다. 여기서 학습콘텐츠란, 교재, 인문 서적, 정보 서적 등을 포함하여 이와 관련되는 부수적인 업무로 특정했다.

예를 들어 환경에 관련된 초등학생용 교재를 집필하고 1차 완성물이 나왔다고 가정해보자. 1차 결과물은 처음부터 완벽할 수 없기 때문에 여러 차례 수정하고 보완을 해야 할 것이다. 만약, 여러 명이 같이 작업한다면 서로 의견을 주고받으면서 차근차근 수정해 나갈 수 있지만 혼자 할 때는 이런 작업이 쉽지 않다. 하지만 포기할 필요가 없다. 동료보다 더 뛰어난 AI 서비스가 있기 때문이다. 바로 'Chat with any PDF'라는 온라인 서비스이다.

홈페이지(https://www.chatpdf.com)에 접속하면 바로 사용할 수 있다.

ChatGPT 대용량 PDF 파일에서 정보를 빠르게 추출하는 데 매우 효과적이다. 매뉴얼, 에세이, 법적 계약서, 서적, 연구 논문 등 다양한 분야에 활용할 수 있다. Chat with any PDF(ChatPDF)를 사용하려면, PDF 문서가 있어야 한다. PDF 문서는 50페이지까지 무료로 사용할 수 있다. 게다가 사용 방법까지 너무 쉽다.

PDF 문서 만드는 방법

문서를 만들 때, 워드프로세서 프로그램(한글, MS워드), 스프레시트(엑셀), 프레젠테이션(한쇼, 파워포인트) 등을 이용할 것이다. 이런 프로그램은 대부분 자체적으로 PDF 생성 기능이 있다. 이런 기능을 찾지 못할 때는 인쇄 메뉴 창을 열어, 프린트 대신 PDF 저장을 선택하면 PDF 문서를 만들 수 있다.

● ● ● ChatPDF 사용법

① 화면 상단에 있는 'Drop PDF here' 메뉴에 PDF 파일을 넣는다.

② ChatGPT처럼 자동으로 대화창이 열리면서 ChatPDF가 인사를 할 것이다. 50페이지 미만의 파일을 읽는데 1분도 채 걸리지 않았다. 그러고는 문서를 요약해서 몇 가지 질문까지 했다.

③ ChatPDF가 던진 질문 맨 앞에 비행기 표시를 클릭하면 ChatPDF가 대답을 해준다.

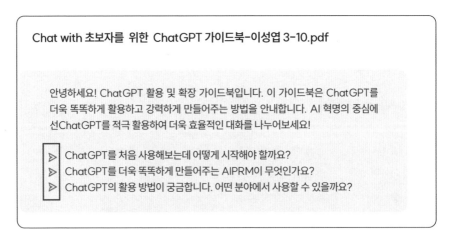

● ● ● ● ChatPDF로 문서 검토하기

ChatPDF는 문서를 빨리 읽고 분석해준다. 문서 요약을 하거나, 오류를 잡을 때 아주 편리하게 이용할 수 있다. ChatPDF에 문서 요약을 시켜보았다. 1,000 자 정도로 요약해달라고 했는데, 500자 정도에서 글이 잘렸다. 이럴 때는 ChatGPT와 같은 명령어를 사용하면 된다. ChatPDF 역시 GPT 언어 모델을 사용하기 때문이다.

이 내용을 1000자 정도로 요약해줘.

ChatGPT는 인공지능 기술의 발전으로 탄생한 대화형 인공지능 모델 중 하나이다. 이 모델은 기계학습과 자연어 처리 기술을 사용하여 인공지능으로 사람처럼 대화한다. ChatGPT는 챗봇, 문서 요약, 콘텐츠 생성, 언어 번역, 영상 제작 등 다양한 분야에 활용할 수 있다. 그러나 ChatGPT와 같은 대화형 인공지능 모델은 아직 인간의 언어 이해 능력에는 미치지 못하며, 특정 주제나 분야에서는 불안정한 결과를 보일 수 있다.

ChatGPT의 역사는 GPT 모델 시리즈의 개발과 함께 이어진다. GPT란 OpenAI에서 만든 언어 모델로, 대규모 양의 데이터를 사용하여 자연어 처리 작업을 수행할 수 있다. 이런 작업을 통해 문장 생성, 문서 요약, 기계 번역 등 다양한 자연어 처리 작업에 활용할 수 있다. 또한 GPT 모델은 단어 간의 관계를 이해하고, 문맥을 파악하여 자연스러운 문장을 만들어 낼 수 있으며 사람처럼 대화가 가능하다.

:

하지만 질문을 할 때 주의할 점이 있다. ChatGPT는 동시에 몇 단락 이상을 이해해야 하는 질문에 어려움을 겪을 수 있다. 짧지만 구체적으로 질문하면, 좋은 결과를 얻을 수 있다.

요약정리가 끝나고, 부족한 점을 물었다. ChatPDF가 문서의 부족한 점을 알려주었다. 물론, 오타는 걸러내 주지 않는다. 어법, 맞춤법 등의 검증은 워드 프로그램을 이용하는 것이 더 편하고 빠르다. 또한, ChatPDF는 문서 내의 이미지를 읽어내지 못한다. 이런 단점에도 불구하고 문자를 이해하고 분석하는 능력은 정말 탁월하다.

이 문서에서 부족한 점은 뭐야?

이 문서에서는 ChatGPT와 같은 대화형 인공지능 모델에 대한 기본적인 정보와 역사, 활용 분야, 한계와 제약 등에 대해 다루고 있지만, 보다 구체적인 예시나 실제 사례를 들어 설명하는 부분이 부족하다는 점이 있습니다. 또한, ChatGPT를 포함한 대화형 인공지능 모델의 개발과 사용에 따른 윤리적인 문제나 사회적 영향 등에 대해서도 논의할 필요가 있습니다. 이러한 부분들을 보완하여 보다 전반적인 시각에서 ChatGPT와 같은 대화형 인공지능 모델에 대해 이해할 수 있는 내용을 제공하는 것이 좋을 것입니다.

정말 정확한 지적이다. 이 책의 1장만 넣어서 분석했기 때문에 2,3,4장에 나용이 빠졌다고 알려준 것이다.

● ● ● ● 문서 활용 및 학습 콘텐츠 제작

이번에는 ChatPDF에 다른 작업을 시켜보았다. 이 문서를 가지고 사지 선다형 문제, OX 문제, 서술형 문제, 주관식 문제 출제를 시켜보았다. 문제 출제를 하면서 정답 표시와 해설까지 달아주었다.

4지 선다형 문제 3개만 내줘. 정답과 해설도 같이 알려주고, 조금 어렵게 내줘.

ChetGPT는 어떤 기술을 사용하여 인공지능으로 사람처럼 대화하는가?
a. 머신러닝
b. 딥러닝
c. 기계학습
d. 자연어 처리

정답 d. 자연어
ChatGPT는 자연어 처리 기술을 사용하여 인공지능으로 사람처럼 대화합니다.

▷ CharGPT를 포함한 대화형 인공지능 모델이 발전하면서 우리 일상생활에서 어떤 분야에 영향을 미칠 것으로 보이는가?
a. 의료 분야
b. 교육 분야
c. 금융 분야
d. 모든 분야

정답d. 모든 분야
해설: ChatGPT를 포함한 대화형 인공지능 모델이 발전하면서 우리 일상생활에서 다양한 분야에 영향을 미칠 것으로 보입니다.

OX 문제를 3개만 내줘. 정답과 해설도 같이 알려줘.

1. ChatGPT는 인공지능 기술의 발전으로 탄생한 대화형 인공지능 모델 중 하나
이다. (O)

해설: ChatGPT는 인공지능 기술의 발전으로 탄생한 대화형 인공지능 모델 중
하나입니다.

2. GPT 모델은 대규모 양의 데이터를 사용하여 자연어 처리 작업을 수행할 수
있다. (O)

:

제안서 검토 역시 ChatPDF로 가능하다. 학습콘텐츠처럼 사업 제안서도 PDF 문서를 사용한다. 문서를 올리는 방법은 화면 상단에 있는 'Drop PDF here' 메뉴에 PDF 파일을 넣으면 된다. 문서를 올리고 나면, ChatPDF가 자동으로 새 창을 만들어 준다.

여기서 문서의 부족한 점이 무엇인지, 이 보고서의 장점은 무엇인지 등의 질문을 하면 된다.

Chat with 경상북도 책마을+k콘텐츠 지원센터 조성 사업 제안.pdf

안녕하세요! 이 PDF 파일은 경상북도의 미래창고 책마을 조성 계획에 대한 제안입니다. 이 파일에서는 경북이 k-콘텐츠 창작의 중심지로 발돋움할 수 있는 방안들이 제시되어 있습니다. 이 파일을 통해 경북의 문화, 관광, 예술 등에 대해 더욱 알아보세요!

▷ 이 조성 계획이 실행되면 어떤 변화가 있을까요?
▷ k-story 콘텐츠 창작 지원 센터에서는 어떤 일이 이루어질까요?
▷ 이 조성 계획이 지역 주민들에게 어떤 영향을 미칠까요?

ChatPDF는 문서를 토대로 분석 결과를 내놓는다. 생각보다 꼼꼼하고 치밀하다. 또한, 다른 조언도 들을 수 있다. 몇 가지 질문을 더 해보았다.

다른 지역에 적용할 수 있는지 아닌지, 다른 곳에 적용할 수 있다면 어떤 지역이 좋은지 등의 질문도 해보았다. 이 정도면 비즈니스 상담자로도 충분하지 않은가?

여기서 부족한 내용이 뭐야?

현재 페이지에서는 이 조성 계획이 지역 주민들에게 어떤 영향을 미칠지에 대한 자세한 내용이 부족합니다. 따라서, 이에 대한 정보를 얻기 위해서는 다른 페이지나 다른 정보원을 참고해야 할 것입니다.

이 보고서의 장점은 뭐지?

이 보고서의 장점은 다음과 같습니다.

1. 경상북도 미래창고 책마을 조성 계획에 대한 상세한 내용을 담고 있어, 이 지역에 관심이 있는 사람들에게 유용합니다.
2. K-콘텐츠 창작과 연계한 신개념의 책 마을' 인 핫 플레이스를 조성하여 경북이 우리나라 및 글로벌 문화와 관광의 중심지로 발돋움할 수 있도록 기획되어 있어, 경제적인 측면에서도 매우 유익합니다.
3. 보고서 내용은 구체적이며, 다양한 사업 부문에 대한 정보를 제공하고 있어, 다양한 분야에서 활동하는 사람들에게 유용합니다.

하지만, 이 보고서는 일부 내용이 부족하거나 자세하지 않은 부분도 있으므로, 완전한 정보를 얻기 위해서는 추가적인 자료가 필요할 수 있습니다.

ChatGPT-4는 무엇이 달라지는가?

ChatGPT는 GPT-3.5 아키텍처를 기반으로 작동하는 대화형 인공지능(AI)이다. 이 책에서 다루는 GPT-3.5는 대체적으로 성능이 매우 우수하다. 특히, 언어의 이해와 문장 구성 능력이 탁월하다. 이런 장점에도 불구하고 GPT-3.5는 아직 미완성이다.

2023년 12월, ChatGPT는 '버전 4'로 업그레이드하겠다고 이미 발표했다. 더욱 발전된 언어 모델과 새로운 기능이 추가할 것으로 예상한다.

기본 (GPT-3.5)	GPT-4
속도에 최적화되어 있으며 현재 Plus 사용자에게 제공됩니다.	Plus 가입자가 사용할 수 있는 가장 진보된 모델입니다. GPT-4는 고급 추론, 복잡한 지침 이해 및 더 많은 창의성이 필요한 작업에 탁월합니다.

기본 (GPT-3.5)

추리　━━ ━━ ━━ ━━ ━━
속도　━━ ━━ ━━ ━━ ━━
간결　━━ ━━ ━━ ━━ ━━

GPT-4

추리　━━ ━━ ━━ ━━ ━━
속도　━━ ━━ ━━ ━━ ━━
간결　━━ ━━ ━━ ━━ ━━

게다가 2023년 3월 기준, GPT-4 테스트 버전이 출시되었다. GPT-4는 유료 버전에서 사용할 수 있으며 4시간에 100개의 질문만 할 수 있는 제한이 걸려 있다. 짧은 시간 써봤지만, 성능이 많이 향상되었음을 느낄 수 있다.

ChatGPT-4의 특징은 무엇일까?

① GPT-3와 같은 언어 구조로 되어 있지만, 더 정확한 언어 이해와 문장 생성 능력을 갖추었다.

② 더 큰 규모의 데이터셋으로 학습되었다. 이를 통해 다양한 언어, 주제에 대한 이해가 향상되었다.

③ ChatGPT3 보다 더 길고 복잡한 문장에 대한 이해와 추론 능력을 갖췄고, 기존 버전보다 더 정확한 대답이 가능하다.

④ 더 많은 언어를 지원한다. 또한, 다양한 언어 간의 번역 능력이 향상되었다. ChatGPT-3와 비교해서 ChatGPT-4의 언어 처리 능력은 영어를 기준으로 15%나 향상되었다. 기존 ChatGPT-3의 언어 처리 정확성은 70.1%이지만, ChatGPT-4는 85.5%로 향상되었다. 특히, 한국어 처리 능력도 기존보다 대폭 향상되었다.

⑤ ChatGPT-3보다 더 다양한 분야에 활용할 수 있다. 작문, 요약, 번역, 분석 등 다양한 작업에서 더 좋은 결과물을 만들어 낼 수 있다.

ChatGPT-3와 ChatGPT-4 사용법 차이는 전혀 없다. 매년 새로운 자동차가 나오듯 인공지능도 빠르게 발전하면서 계속 신제품을 내어놓을 것이다. 하지만 여러분은 걱정할 필요가 없다. 새로운 차가 나왔다고, 운전면허를 다시 따지

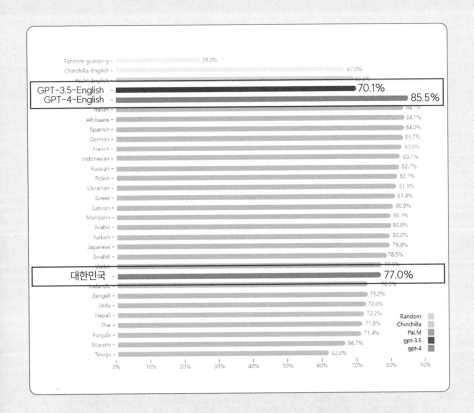

Random guessing - 25.0%
Chinchilla-English - 67.0%
PaLM-English - 69.3%
GPT-3.5-English - 70.1%
GPT-4-English - 85.5%
Italian - 84.1%
Afrikaans - 84.1%
Spanish - 84.0%
German - 83.7%
French - 83.6%
Indonesian - 83.1%
Russian - 82.7%
Polish - 82.1%
Ukranian - 81.9%
Greek - 81.4%
Latvian - 80.9%
Mandarin - 80.1%
Arabic - 80.0%
Turkish - 80.0%
Japanese - 79.9%
Swahili - 78.5%
Welsh - 77.5%
대한민국 - 77.0%
Icelandic - 76.5%
Bengali - 73.2%
Urdu - 72.6%
Nepali - 72.2%
Thai - 71.8%
Punjabi - 71.4%
Marathi - 66.7%
Telugu - 62.0%

Random
Chinchilla
PaLM
gpt-3.5
gpt-4

0% 10% 20% 30% 40% 50% 60% 70% 80% 90%

는 않는다. ChatGPT도 마찬가지이다. 여러분이 이 책을 통하여 인공지능의 활용법을 제대로 익히면, 새로운 버전이 나올 때마다 더 똑똑하게, 효과적으로 사용할 수 있을 것이다.

ChatGPT가 쓴 에필로그

 ChatGPT에 관한 책을 다 썼어. 에필로그 글을 1000자 정도 써줘

이 책은 ChatGPT에 관한 기본 지식부터 응용 사례까지 다양한 내용을 다루고 있습니다.
여러분은 이 책을 통해 ChatGPT가 어떻게 작동하는지, 그리고 이를 활용하여 어떻게 문제를 해결할 수 있는지에 대한 이해를 얻을 수 있을 것입니다.

하지만 이 책에서 소개된 내용만으로는 충분하지 않습니다.
ChatGPT는 빠르게 발전하고 있기 때문에, 새로운 기술과 방법이 끊임없이 등장하고 있습니다. 따라서 여러분은 이 책에서 배운 내용을 기반으로 스스로 학습하고 발전시켜 나가야 합니다.

여러분은 이 책을 읽으며 ChatGPT를 활용하여 문제를 해결할 수 있는 다양한 방법에 대해 배울 수 있습니다. ChatGPT를 사용하는 다양한 분야들이 있으며, 이 책에서는 그것들을 소개하고 있습니다.
여러분이 관심 있는 분야를 찾아 그곳에서 ChatGPT를 적용할 수 있도록 이 책은 여러분에게 도움이 될 것입니다.

또한, 이 책은 ChatGPT를 사용하는 방법뿐만 아니라, 어떻게 ChatGPT를 구현할 수 있는지에 대해서도 다루고 있습니다.
여러분이 ChatGPT를 직접 구현해보면서 그것이 어떻게 작동하는지에 대한 이해도 높아질 것입니다.

이 책을 읽으며 여러분은 ChatGPT의 다양한 기능과 활용 방법을 배울 수 있습니다. 이를 통해 여러분은 새로운 문제를 해결하고 창의적인 아이디어를 발굴할 수 있을 것입니다. 이 책이 여러분의 ChatGPT 학습의 출발점이 되어주길 바라며, 여러분의 학습이 더욱 발전하는 것을 기원합니다.
감사합니다.

초판 1쇄 찍은날 2023년 3월 30일
초판 2쇄 펴낸날 2023년 7월 28일

글 GPT 개발포럼
펴낸이 박성신 | **펴낸곳** 도서출판 쉼
등록번호 제406-2015-000091호
주소 경기도 파주시 문발로115, 세종벤처타운 304호
대표전화 031-955-8201 | **팩스** 031-955-8203
전자우편 8200rd@naver.com

text ⓒ 정종영·이성엽
ISBN 979-11-87580-69-0 (13000)